SUMÁRIO

Allan Kardec

Coletânea de Preces Espíritas

ide

ISBN 85-7341-002-7

Títulos originais:
"Le Livre des Esprits"
Edição L'U.S.K.B. (1954)
Introdução, Item VI
"L'Évangile selon le Spiritisme",
2me Edition de L'U.S.K.B. (1958)
Capítulos XXVII e XXVIII

Tradução: SALVADOR GENTILE

Revisão: ELIAS BARBOSA

Capa: CÉSAR FRANÇA DE OLIVEIRA

56ª edição - maio/2009
16ª reimpressão - julho/2023

Parceiro de distribuição:
Instituto Beneficente Boa Nova
Fone: (17) 3531-4444
www.boanova.net
boanova@boanova.net

IDE -
INSTITUTO DE DIFUSÃO ESPÍRITA
Rua Emílio Ferreira, 177 - Centro
CEP 13600-092 - Araras/SP - Brasil
Fones (19) 3543-2400 e 3541-5215
CNPJ 44.220.101/0001-43
Inscrição Estadual 182.010.405.118
www.ideeditora.com.br
editorial@ideeditora.com.br

APRESENTAÇÃO

Esta valiosa obra é constituída de três partes: Resumo da Doutrina Espírita, Pedi e Obtereis *(dissertação sobre as qualidades, eficácia e ação da prece) e* Coletânea de preces Espíritas.

O objetivo da Coletânea não é o de fixar formas de se orar, pois a "a forma não é nada; o pensamento é tudo" e "um bom pensamento vale mais que numerosas palavras estranhas ao coração."

A importância desta Coletânea se prende aos Prefácios, a nos trazer a verdadeira compreensão e fé no momento de nosso intercâmbio mental com o Criador, fazendo-nos refletir que a prece mais eficaz é a que emerge do coração.

*RESUMO DA DOUTRINA ESPÍRITA**

"Deus é eterno, imutável, imaterial, único, todo-poderoso, soberanamente justo e bom.

Criou o Universo que compreende todos os seres animados e inanimados, materiais e imateriais.

Os seres materiais constituem o mundo visível ou corporal e os seres imateriais o mundo invisível ou espírita, quer dizer, dos Espíritos.

O mundo espírita é o mundo normal, primitivo, eterno, preexistente e sobrevivente a tudo.

O mundo corporal não é senão secundário; poderia cessar de existir, ou não ter jamais existido, sem alterar a essência do mundo espírita.

Os Espíritos revestem, temporariamente, um envoltório material perecível, cuja destruição, pela morte, os toma livres.

Entre as diferentes espécies de seres corpóreos, Deus escolheu a espécie humana para a encarnação dos Espíritos que atingiram um certo grau de desen-

---

* "O Livro dos Espíritos"– introdução ao Estudo da Doutrina Espírita, item VI, edição, IDE.

volvimento, o que lhe dá a superioridade moral e intelectual sobre os outros.

A alma é um Espírito encarnado, do qual o corpo não é senão um envoltório.

Há no homem três coisas: 1° – o corpo ou ser material análogo aos dos animais e animado pelo mesmo princípio vital; 2º – a alma ou ser imaterial, Espírito encarnado no corpo; 3º – o laço que une a alma ao corpo, princípio intermediário entre a matéria e o Espírito.

O homem tem assim duas naturezas: pelo corpo, participa da natureza dos animais, dos quais tem o instinto; pela alma, participa da natureza dos Espíritos.

O laço ou **perispírito** que une o corpo e o Espírito é uma espécie de envoltório semimaterial. A morte é a destruição do envoltório mais grosseiro, o Espírito conserva o segundo, que constitui para ele um corpo etéreo, invisível para nós no estado normal, mas que pode, acidentalmente, tornar-se visível e mesmo tangível, como ocorre no fenômeno das aparições.

O Espírito não é assim um ser abstrado, indefinido, que só o pensamento pode conceber; é um ser real, circunscrito, que, em certos casos, é apreciado pelos sentidos da **visão, audição e tato.**

Os Espíritos pertencem a diferentes classes e não são iguais nem em força, nem em inteligência, nem em saber, nem em moralidade.

Os da primeira ordem são os Espíritos superiores, que se distinguem dos outros pela sua perfeição, seus conhecimentos, sua aproximação de Deus, a pureza de seus sentimentos e seu amor ao bem; são os anjos ou Espíritos puros. As outras classes se distanciam cada vez mais dessa perfeição; os das classes inferiores são inclinados à maioria das nossas paixões: o ódio, a inveja, o ciúme, o orgulho, etc.; eles se comprazem no mal. Entre eles há os que não são nem muito bons nem muito maus, mais trapalhões e importunos que maus, a malícia e as inconsequências parecem ser sua diversão: são os Espíritos estouvados ou levianos.

Os Espíritos não pertencem perpetuamente à mesma ordem. Todos progridem, passando por diferentes graus de hierarquia espírita.

Esse progresso ocorre pela encarnação, que é imposta a uns como expiação e a outros como missão. A vida material é uma prova que devem suportar por várias vezes, até que hajam alcançado a perfeição absoluta. É uma espécie de exame severo ou depurador, de onde eles saem mais ou menos purificados.

Deixando o corpo, a alma reentra no mundo dos Espíritos, de onde havia saído, para retomar uma nova existência material, depois de um lapso de tempo mais ou menos longo, durante o qual permanece no estado de Espírito errante.

O Espírito, devendo passar por várias encarnações, disso resulta que todos tivemos várias existências e que teremos ainda outras, mais ou menos aperfeiçoadas, seja sobre a Terra, seja em outros mundos.

A encarnação dos Espíritos ocorre sempre na espécie humana: seria um erro acreditar que a alma ou Espírito possa se encarnar no corpo de um animal (1).

As diferentes existências corporais do Espírito

---

(1) Há entre esta doutrina da encarnação e a da metempsicose, tal como a admitem certas seitas, uma diferença característica que é explicada na sequência da obra.

são sempre progressivas e jamais retrógradas; mas a rapidez do progresso depende dos esforços que fazemos para atingir a perfeição.

As qualidades da alma são as do Espírito que está encarnado em nós; assim, o homem de bem é a encarnação do bom Espírito, e o homem perverso a de um Espírito impuro.

A alma tinha sua individualidade antes da sua encarnação e a conserva depois da sua separação do corpo.

Na sua reentrada no mundo dos Espíritos, a alma aí reencontra todos aqueles que conheceu sobre a Terra, e todas as suas existências anteriores se retratam em sua memória com a lembrança de todo o bem e de todo o mal que fez.

O Espírito encarnado está sob a influência da matéria; o homem que supera essa influência pela elevação e depuração de sua alma se aproxima dos bons Espíritos com os quais estará um dia. Aquele que se deixa dominar pelas más paixões e coloca toda a sua alegria na satisfação dos apetites grosseiros, se aproxima dos Espíritos impuros, dando preponderância à natureza animal.

Os Espíritos encarnados habitam os diferentes globos do Universo.

Os Espíritos não encarnados ou errantes não ocupam uma região determinada e circunscrita; estão por toda a parte, no espaço e ao nosso lado, nos vendo e nos acotovelando sem cessar; é toda uma população invisível que se agita em torno de nós.

Os Espíritos exercem, sobre o mundo moral e mesmo sobre o mundo físico, uma ação incessante. Agem sobre a matéria e sobre o pensamento, e constituem uma das forças da Natureza, causa eficiente de uma multidão de fenômenos, até agora inexplicados, ou mal explicados, e que não encontram uma solução racional senão no Espiritismo.

As relações dos Espíritos com os homens são constantes. Os bons Espíritos nos solicitam para o bem, nos sustentam nas provas da vida e nos ajudam a suportá-las com coragem e resignação; os maus nos solicitam ao mal: é para eles uma alegria nos ver sucumbir e nos assemelharmos a eles.

As comunicações dos Espíritos com os homens são ocultas ou ostensivas. As ocultas ocorrem pela influência, boa ou má, que eles exercem sobre nós com o nosso desconhecimento; cabe ao nosso julgamento discernir as boas e más inspirações. As comunicações ostensivas ocorrem por meio da escrita, da palavra, ou outras manifestações materiais, e mais frequentemente por intermédio dos médiuns que lhes servem de instrumento.

Os Espíritos se manifestam espontaneamente ou por evocação. Podem-se evocar todos os Espíritos: aqueles que animaram homens obscuros, como aqueles de personagens mais ilustres, qualquer que seja a época na qual tenham vivido; os de nossos parentes, de nossos amigos ou de nossos inimigos, e com isso obter, por comunicações escritas ou verbais, conselhos, informações sobre a sua situação no além-túmulo, sobre seus pensamentos a nosso respeito, assim como as revelações que lhes são permitidas nos fazer.

Os Espíritos são atraídos em razão de sua simpatia pela natureza moral do meio que os evoca. Os Espíritos superiores se alegram nas reuniões sérias onde dominem o amor do bem e o desejo sincero de se instruir e se melhorar. Sua presença afasta os Espíritos inferiores que aí encontram, ao contrário, um livre acesso, e podem agir com toda liberdade entre as pessoas frívolas ou guiadas só pela curiosidade, e por toda parte onde se encontrem os maus instintos. Longe de deles obter bons avisos ou ensinamentos úteis, não se deve esperar senão futilidades, mentiras, maus gracejos ou mistificações, porque eles tomam emprestado, frequentemente, nomes venerados para melhor induzir ao erro.

A distinção dos bons e dos maus Espíritos é extremamente fácil. A linguagem dos Espíritos superiores é constantemente digna, nobre, marcada pela mais alta moralidade, livre de toda paixão inferior; seus conselhos exaltam a mais pura sabedoria, e têm sempre por objetivo nosso progresso e o bem da Humanidade. A dos Espíritos inferiores, ao contrário, é inconsequente, frequentemente trivial e mesmo grosseira; se dizem por vezes coisas boas e verdadeiras, mais frequentemente, dizem coisas falsas e absurdas, por malícia ou por ignorância. Eles se divertem com a credulidade e se distraem às custas daqueles que os interrogam, se vangloriando da sua vaidade, embalando seus desejos com falsas esperanças. Em resumo, as comunicações sérias, na total acepção da palavra, não ocorrem senão nos centros sérios, naqueles cujos membros estão unidos por uma comunhão de pensamentos para o bem.

A moral dos Espíritos superiores se resume, como a do Cristo, nesta máxima evangélica: "Agir para com os outros como quereríamos que os outros agissem para conosco"; quer dizer, fazer o bem e não fazer o mal. O homem encontra neste princípio a regra universal de conduta para as suas menores ações.

Eles nos ensinam que o egoísmo, o orgulho, a sensualidade, são paixões que nos aproximam da natureza animal e nos prendem à matéria; que o homem que, desde este mundo, se desliga da matéria pelo desprezo das futilidades mundanas, e pelo amor ao próximo, se aproxima da natureza espiritual; que cada um de nós deve se tornar útil segundo suas faculdades e os meios que Deus colocou entre suas mãos para o provar; que o Forte e o Poderoso devem apoio e proteção ao Fraco, porque aquele que abusa de sua força e do seu poder, para oprimir seu semelhante, viola a lei de Deus. Ensinam, enfim, que, no mundo dos Espíritos, nada podendo ser oculto, o hipócrita será desmascarado e todas as suas torpezas descobertas; que a presença inevitável, e de todos os instantes, daqueles para com os quais agimos mal, é um dos castigos que nos estão reservados; que ao estado de inferioridade e de superioridade dos Espíritos são fixados penas e gozos que nos são desconhecidos sobre a Terra.

Mas eles nos ensinaram também que não há faltas irremissíveis, e que não possam ser apagadas pela expiação. O homem encontra o meio, nas diferentes existências, que lhe permite avançar, segundo seu desejo e seus esforços, na senda do progresso e na direção da perfeição que é seu objetivo final".

*PEDI E OBTEREIS**

Qualidades da prece. – Eficácia da prece. – Ação da prece. Transmissão do pensamento. – Preces inteligíveis. – Da prece pelos mortos e pelos Espíritos sofredores. – Instruções dos Espíritos: *maneira de orar. – Alegria da prece.*

QUALIDADES DA PRECE

1. Quando orardes, não vos assemelheis aos hipócritas, que se comprazem em orar em pé nas sinagogas e nas esquinas das ruas para serem vistos pelos homens. Em verdade, vos digo, eles receberam sua recompensa. Mas quando quiserdes orar, entrai no vosso quarto e, estando fechada a porta, orai ao vosso Pai em segredo; e vosso Pai, que vê o que se passa em segredo, vos recompensará.

Não afeteis orar muito em vossas preces, como fazem os gentios, que pensam ser pela multidão de palavras que serão atendidos. Não vos torneis, pois, semelhantes a eles, porque vosso Pai sabe do que necessitais antes de o pedirdes. (São Mateus, cap. VI, v. 5 a 8).

---

* "O Evangelho Segundo o Espiritismo", Capítulo XXVII, edição IDE.

2. Quando vos apresentardes para orar, se tiverdes alguma coisa contra alguém, perdoai-lhe, a fim de que vosso Pai, que está nos céus, perdoe também os vossos pecados. Se vós não perdoais, vosso Pai que está nos céus, não vos perdoará também os vossos pecados. (São Marcos, cap. XI, v. 25, 26).

3. Ele contou também esta parábola a alguns que confiavam em si mesmos como sendo justos, e desprezando os outros.

Dois homens subiram ao templo, a fim de orar; um era fariseu e o outro publicano. O fariseu, estando em pé, orava assim consigo mesmo: Meu Deus, eu vos rendo graças porque não sou como os outros homens, que são ladrões, injustos e adúlteros, nem mesmo como esse publicano. Jejuo duas vezes por semana e dou o dízimo de tudo o que possuo.

O publicano, ao contrário, mantendo-se distante, não ousava sequer erguer os olhos ao céu; mas batia no peito dizendo: Meu Deus, tende piedade de mim que sou um pecador.

Eu vos declaro que este retornou, entre os seus, justificado, e não o outro; porque todo aquele que se eleva será humilhado, e todo aquele que se humilha, será exaltado. (São Lucas, cap. XVIII, v. 9 a 14).

4. As qualidades da prece estão claramente definidas por Jesus; quando orardes, diz ele, não vos coloqueis em evidência, mas orai secretamente; não afeteis de muito orar, porque não é pela multiplicidade das palavras que sereis atendidos, mas pela sua sinceridade; antes de orar, se tendes alguma coisa contra alguém, perdoai-lhe, porque a prece não será agradável a Deus, se não parte de um coração purificado de todo sentimento contrário à caridade; orai, enfim, com hu-

mildade, como o publicano, e não com orgulho, como o fariseu; examinai os vossos defeitos e não as vossas qualidades, e se vos compar ardes aos outros, procurai o que há de mal em vós. (Cap. X nº 7 e 8).

EFICÁCIA DA PRECE

5. *O que quer que seja que pedirdes na prece, crede que o obtereis, e vos será concedido. (São Marcos, cap. XI, v. 24).*

6. Há pessoas que contestam a eficácia da prece, e se baseiam no princípio de que, conhecendo Deus nossas necessidades, é supérfluo expor-lhas. Acrescentam, ainda, que tudo se encadeando no Universo por leis eternas, nossos desejos não podem mudar os decretos de Deus.

Sem nenhuma dúvida, há leis naturais e imutáveis que Deus não pode derrogar segundo o capricho de cada um; mas daí a acreditar que todas as circunstâncias da vida estão submetidas à fatalidade, a distância é grande. Se assim fora, o homem não seria senão um instrumento passivo, sem livre-arbítrio e sem iniciativa. Nessa hipótese, não teria senão que curvar a cabeça sob o golpe de todos os acontecimentos, sem procurar evitá-los; não deveria procurar desviar o raio. Deus não lhe deu o discernimento e a inteligência para deles não se servir, a vontade para não querer, a atividade para permanecer inativo. Estando o homem livre para agir, num sentido ou noutro, seus atos têm, para ele e para os outros, consequências subordinadas àquilo que faz ou deixa de fazer. Pela sua iniciativa há, pois, acontecimentos que escapam forçosamente à fatalidade, e que não destroem a harmonia das leis universais, como o avanço ou o retardo da agulha de um pêndulo não destrói a lei do movimento sobre a qual está estabelecido o mecanismo. Deus pode, pois, aceder a certos pedidos sem derrogar a imutabilidade das leis que regem o conjunto, ficando seu acesso sempre subordinado à sua vontade.

7. Seria ilógico concluir desta máxima: "o que quer que seja que pedirdes pela prece vos será concedido", que basta pedir para obter, e seria injusto acusar a Providência porque não cede a todo pedido que lhe é feito, pois ela sabe, melhor do que nós, o que é para o nosso bem. O mesmo ocorre com um pai sábio que recusa ao filho as coisas contrárias aos interesses deste. O homem, geralmente, não vê senão o presente; ora, o sofrimento é útil à sua felicidade futura. Deus o deixará sofrer, como o cirurgião deixa o doente sofrer uma operação, que deve conduzi-lo à cura.

O que Deus concederá, se se dirige a ele com confiança, é a coragem, a paciência e a resignação. O que concederá, ainda, são os meios de sair por si mesmo da dificuldade, com a ajuda das ideias que são sugeridas pelos bons Espíritos, deixando-lhes, assim, o mérito. Assiste àqueles que ajudam a si mesmos, segundo esta máxima: "Ajuda-te que o céu te ajudará", e não àqueles que tudo esperam de um socorro estranho, sem fazer uso das próprias faculdades; mas, geralmente, prefere-se ser socorrido por um milagre, sem nada fazer. (Cap. XXV, nº 1 e seguintes).

8. Tomemos um exemplo. Um homem está perdido num deserto e sofre sede horrível; sente-se desfalecer e se deixa cair no chão. Roga, então, a Deus para o assistir e espera; mas, nenhum anjo vem lhe trazer o que beber. Entretanto, um bom Espírito lhe *sugere* o pensamento de se levantar, seguir uma das veredas que se apresentam à sua frente; então, por um movimento maquinal, reúne suas forças, levanta-se e

caminha ao acaso. Chega a uma elevação e descobre, ao longe, um riacho; diante disso, encoraja-se. Se tem fé, exclamará: "Obrigado, meu Deus, pelo pensamento que me inspirastes, e pela força que me destes". Se não tem fé, dirá: "Que pensamento bom *eu tive!* Que *chance eu tive* tomando a vereda da direita, ao invés da esquerda; o acaso, algumas vezes, nos serve verdadeiramente bem! Quanto me felicito pela *minha coragem* e por não ter me deixado abater!"

Mas, dir-se-á, por que o bom Espírito não lhe disse claramente: "Siga esta vereda e ao fim dela encontrarás o de que necessitas?" Por que não se mostrou a ele para o guiar e sustentar no seu desfalecimento? Dessa maneira, ficaria convencido da intervenção da Providência. Foi, primeiro, para lhe ensinar que é preciso ajudar a si mesmo e fazer uso das suas próprias forças. Além disso, pela incerteza, Deus coloca à prova a sua confiança e submissão à sua vontade. Esse homem estava na situação de uma criança que cai e que, percebendo alguém, grita e espera que a venha levantar; se não vê ninguém, esforça-se e se levanta por si mesma.

Se o anjo que acompanhou Tobias lhe tivesse dito: "Eu sou enviado por Deus para te guiar em tua viagem e te preservar de todo perigo", Tobias não teria tido mérito algum; confiante no seu acompanhante, não teria mesmo necessidade de pensar; por isso, o anjo não se fez reconhecer senão no regresso.

AÇÃO DA PRECE. TRANSMISSÃO DO PENSAMENTO

9. A prece é uma invocação; por ela um ser se coloca em comunicação mental com outro ser ao

qual se dirige. Ela pode ter por objeto um pedido, um agradecimento ou uma glorificação. Pode-se orar por si mesmo ou por outrem, pelos vivos ou pelos mortos. As preces dirigidas a Deus são ouvidas pelos Espíritos encarregados da execução das suas vontades; aquelas que são dirigidas aos bons Espíritos são levadas a Deus. Quando se ora a outros seres, senão a Deus, é apenas na qualidade de intermediários, intercessores, porque nada se pode fazer sem a vontade de Deus.

10. O Espiritismo faz compreender a ação da prece explicando o modo de transmissão do pensamento, seja quando o ser chamado vem ao nosso apelo, seja quando nosso pensamento o alcança. Para se inteirar do que se passa nessa circunstância, é preciso mentalizar todos os seres, encarnados e desencarnados, mergulhados no fluido universal que ocupa o espaço, como o somos, neste mundo, na atmosfera. Esse fluido recebe um impulso da vontade; é o veículo do pensamento, como o ar é o veículo do som, com a diferença de que as vibrações do ar são circunscritas, enquanto que as do fluido universal se estendem ao infinito. Portanto, quando o pensamento é dirigido a um ser qualquer, sobre a Terra ou no espaço, de encarnado a desencarnado, ou de desencarnado a encarnado, estabelece-se uma corrente fluídica de um para o outro, transmitindo o pensamento, como o ar transmite o som.

A energia da corrente está em razão do vigor do pensamento e da vontade. Por isso, a prece é ouvida pelos Espíritos, em qualquer lugar em que eles se encontrem; os Espíritos se comunicam entre si, nos transmitem suas inspirações, os intercâmbios se estabelecem à distância entre os encarnados.

Esta explicação é, sobretudo, para aqueles que

não compreendem a utilidade da prece puramente mística, e não tem por objetivo materializar a prece, mas tornar seu efeito inteligível, mostrando que pode ter uma ação direta e efetiva. Ela, por isso, não fica menos subordinada à vontade de Deus, juiz supremo em todas as coisas, único que pode tornar sua ação efetiva.

11. Pela prece, o homem chama para si o concurso dos bons Espíritos, que vêm sustentá-lo nas suas boas resoluções, e inspirar-lhe bons pensamentos; adquire, assim, a força moral necessária para vencer as dificuldades e reentrar no caminho reto se dele se afastou, assim como afastar de si os males que atrai por sua própria falta. Um homem, por exemplo, vê a sua saúde arruinada pelos excessos que cometeu, e arrasta, até o fim de seus dias, uma vida de sofrimentos; ele tem o direito de se lamentar, se não obtém a cura? Não, porque poderia encontrar na prece a força para resistir às tentações.

12. Se se dividissem os males da vida em duas partes, uma daquelas que o homem não pode evitar, outra das tribulações, cuja causa primeira é ele mesmo, pela sua incúria e seus excessos (cap. V, nº 4), ver-se-ia que esta suplanta muito em número sobre a primeira. É, pois, evidente, que o homem é o autor da maioria das suas aflições, e que delas se pouparia se agisse sempre com sabedoria e prudência.

Não é menos certo que essas misérias são o resultado das nossas infrações às leis de Deus, e que se observássemos pontualmente essas leis, seríamos perfeitamente felizes. Se não ultrapassarmos o limite do necessário na satisfação das nossas necessidades, não teremos as doenças que são consequências dos excessos, e as vicissitudes que essas doenças ocasionam.

Se colocarmos limite à nossa ambição, não temeremos a ruína. Se não quisermos subir mais alto do que podemos, não temeremos cair. Se formos humildes, não sofreremos as decepções do orgulho humilhado. Se praticarmos a lei da caridade, não seremos nem maldizentes, nem invejosos, nem ciumentos, e evitaremos as querelas e as dissensões. Se não fizermos mal a ninguém, não temeremos as vinganças, etc.

Admitamos que o homem nada pudesse sobre os outros males; que toda prece seja supérflua para deles se preservar, já não seria muito estar livre de todos aqueles que provêm de si mesmo? Ora, aqui a ação da prece se concebe facilmente, porque ela tem por efeito evocar a inspiração salutar dos bons Espíritos, de pedir-lhes a força para resistir aos maus pensamentos, cuja execução pode nos ser funesta. Nesse caso, *não é o mal que afastam, mas a nós mesmos do pensamento que pode causar o mal; eles não entravam em nada os decretos de Deus, nem suspendem o curso das leis da Natureza, mas nos impedem de infringir essas leis, dirigindo nosso livre-arbítrio;* mas o fazem com o nosso desconhecimento, de maneira oculta, para não acorrentar a nossa vontade. O homem se encontra, então, na posição daquele que solicita bons conselhos e os coloca em prática, mas que está sempre livre de segui-los ou não. Deus quer que seja assim para que tenha a responsabilidade dos seus atos, e deixa-lhe o mérito da escolha entre o bem e o mal. Isso o homem sempre pode obter se pede com fervor, e é ao que pode, sobretudo, se aplicar estas palavras: "Pedi e obtereis."

A eficácia da prece, mesmo reduzida a essa proporção, não teria um resultado imenso? Estava reservado ao Espiritismo nos provar sua ação pela revelação dos intercâmbios que existem entre o mundo corporal e o mundo espiritual. Mas a isso não se limitam seus efeitos.

A prece é recomendada por todos os Espíritos; renunciar à prece é desconhecer a bondade de Deus, é renunciar, para si mesmo, à sua assistência, e para os outros ao bem que se lhes pode fazer.

13. Acedendo ao pedido que lhe é dirigido, Deus, frequentemente, tem em vista recompensar a intenção, o devotamento e a fé àquele que ora, eis porque a prece do homem de bem é mais meritória aos olhos de Deus, e sempre mais eficaz, porque o homem vicioso e mau não pode orar com o fervor e a confiança que só é dado pelo sentimento da verdadeira piedade. Do coração do egoísta, daquele que ora nos lábios, não podem sair senão *palavras,* mas não os impulsos da caridade que dão à prece todo o seu poder. Isso é tão compreensível, que, por um movimento instintivo, a pessoa se recomenda de preferência às preces daqueles nos quais se percebe que a conduta deve ser agradável a Deus, porque são mais ouvidos.

14. Se a prece exerce uma espécie de ação magnética, poder-se-ia crer que seu efeito está subordinado à força fluídica, mas não é assim. Uma vez que os Espíritos exercem essa ação sobre os homens, eles suprem, quando isso seja necessário, a insuficiência daquele que ora, seja agindo diretamente *em seu nome,* seja lhe dando momentaneamente uma força excepcional, quando é julgado digno desse favor, ou que a coisa possa ser útil.

O homem que não se crê bastante bom para exercer uma influência salutar, não deve se abster de orar por outro, pelo pensamento de que não é digno de ser ouvido. A consciência da sua inferioridade é uma prova de humildade sempre agradável a Deus, que leva em conta a intenção caridosa que o anima. Seu fervor e sua confiança em Deus são um primeiro passo para o retorno ao bem, no qual os Espíritos são felizes por encorajá-lo. A prece que é recusada é a do *orgulhoso que tem fé em seu poder e em seus méritos, e crê poder se substituir à vontade do Eterno.*

15. O poder da prece está no pensamento; ela não se prende nem às palavras, nem ao lugar, nem ao momento em que é feita. Pode-se, pois, orar em toda parte, a qualquer hora, sozinho ou em comum. A influência do lugar ou do tempo prende-se às circunstâncias que podem favorecer o recolhimento. *A prece em comum tem uma ação mais poderosa, quando todos aqueles que oram se associam de coração a um mesmo pensamento e têm o mesmo objetivo,* porque é como se todos gritassem em conjunto e em uníssono; mas o que importa estarem reunidos em grande número, se cada um age isoladamente, e por sua própria conta! Cem pessoas reunidas podem orar como egoístas, enquanto que duas, ou três, unidas em comum aspiração, orarão como verdadeiros irmãos em Deus, e sua prece terá mais força que a das outras cem. (Cap. XXVIII, nºs 4 e 5).

PRECES INTELIGÍVEIS

16. Se não entendo o que significam as palavras, eu serei bárbaro para aquele com quem falo, e aquele que me fala será para mim bárbaro. Se oro numa língua que não entendo, *meu coração ora, mas minha inteligência está sem fruto. – Se não louvais a Deus senão de coração, como um homem, entre aqueles que não entendem senão a sua própria língua, respon-*

derá amém, *ao final da vossa ação de graças*, uma vez que ele não entende o que dizeis? *Não é que vossa ação não seja boa*, mas *os outros dela não estão edificados. (São Paulo, 1ª Epístola aos Coríntios, cap. XIV, v. 11, 14, 16 e 17).*

17. A prece não tem valor senão pelo pensamento ao qual se liga; ora, é impossível ligar um pensamento ao que não se compreende, porque o que não se compreende, não toca o coração. Para a imensa maioria, as preces numa língua incompreendida não são senão conjunto de palavras que nada dizem ao espírito. Para que a prece toque, é preciso que cada palavra revele uma ideia, e se não é compreendida, não pode revelar nenhuma ideia. Repetem-na como uma simples fórmula que tem, mais ou menos, virtude segundo o número de vezes que é repetida; muitos oram por dever, alguns mesmo por hábito; por isso se creem quites quando disseram uma prece, um número determinado de vezes, nesta ou naquela ordem. Deus lê no fundo dos corações, vê o pensamento e a sinceridade, e é rebaixá-lo crê-lo mais sensível à forma do que ao fundo. (Cap. XXVIII, nº 2).

DA PRECE PELOS MORTOS E PELOS ESPÍRITOS SOFREDORES

18. A prece é reclamada pelos Espíritos sofredores; ela lhes é útil porque vendo que pensam neles, sentem-se menos abandonados, menos infelizes. Mas a prece tem sobre eles uma ação mais direta: reergue-lhes a coragem, excita-lhes o desejo de se elevarem pelo arrependimento e pela reparação, e pode desviá-los do pensamento do mal. É nesse sentido que ela não só pode aliviar, mas abreviar seus sofrimentos. (Vede: *O Céu e o Inferno*, 2ª parte: Exemplos).

19. Certas pessoas não admitem a prece pelos mortos, porque, na sua crença, não há para a alma senão duas alternativas: ser salva ou condenada às penas eternas, e, num e noutro caso, a prece é inútil. Sem discutir o valor dessa crença, admitamos por um instante a realidade das penas eternas e irremissíveis, e que as nossas preces sejam impotentes para lhes pôr um termo. Perguntamos se, nessa hipótese, é lógico, caridoso e cristão rejeitar a prece pelos condenados? Essas preces, por impotentes que sejam para os livrar, não são, para eles, um sinal de piedade que pode dulcificar seu sofrimento? Sobre a Terra, quando um homem é condenado perpetuamente, no caso mesmo que ele não tenha nenhuma esperança de obter graça, é proibido a uma pessoa caridosa ir sustentar suas correntes para lhe aliviar o peso? Quando alguém está atacado de um mal incurável, porque não oferece nenhuma esperança de cura, é preciso abandoná-lo sem nenhum alívio? Imaginai que, entre os condenados, pode se encontrar uma pessoa que vos foi cara, um amigo, talvez um pai, uma mãe ou um filho, e porque, segundo vós, não poderá esperar sua graça, lhe recusaríeis um copo de água para estancar-lhe a sede? Um bálsamo para secar-lhes as feridas? Não faríeis por ele o que faríeis por um prisioneiro? Não lhe daríeis um testemunho de amor, uma consolação? Não, isso não seria cristão. Uma crença que resseca o coração não pode se aliar com a de um Deus que coloca, em primeiro lugar entre os deveres, o amor ao próximo.

A não eternidade das penas não implica a negação de uma penalidade temporária, porque Deus, na sua justiça, não pode confundir o bem e o mal. Ora, negar, nesse caso, a eficácia da prece, seria negar a eficácia da consolação, do encorajamento e dos bons conselhos. Seria negar a força que se haure na assistência moral daqueles que nos querem bem.

20. Outros se fundamentam numa razão mais especiosa: a imutabilidade dos decretos divinos. Deus, dizem eles, não pode mudar as suas decisões a pedido de suas criaturas; sem isso nada seria estável no mundo. O homem, pois, nada tem a pedir a Deus, não tem senão que se submeter e adorá-lo.

Há, nessa ideia, uma falsa aplicação da imutabilidade da lei divina, ou melhor, ignorância da lei no que concerne à penalidade futura. Essa lei é revelada pelos Espíritos do Senhor, hoje que o homem está maduro para compreender o que, na fé, está conforme ou contrário aos atributos divinos.

Segundo o dogma da eternidade absoluta das penas, ao culpado não se tem em conta seus remorsos e seu arrependimento; para ele, todo desejo de se melhorar é supérfluo e está condenado a permanecer perpetuamente no mal. Se está condenado por um tempo determinado, a pena cessará quando esse tempo tiver expirado; mas quem diz que, então, terá mudado para melhores sentimentos? Quem diz que, a exemplo de muitos condenados na Terra, na sua saída da prisão, não será tão mau quanto antes? No primeiro caso, seria manter na dor do castigo um homem que retornou ao bem; no segundo, agraciar aquele que permaneceu culpado. A lei de Deus é mais previdente que essa; sempre justa, equitativa e misericordiosa, não fixa nenhuma duração à pena, qualquer que seja; ela se resume assim:

21. "O homem suporta sempre a consequência das suas faltas; não há uma só infração à lei de Deus que não tenha punição.

A severidade do castigo é proporcional à gravidade da falta.

A duração do castigo, para qualquer falta, *é indeterminada e está subordinada ao arrependimento do culpado e seu retorno ao bem.* A pena dura tanto quanto a obstinação no mal, e seria perpétua se a obstinação fosse perpétua, de curta duração se o arrependimento chega logo.

Desde que o culpado clame por misericórdia, Deus o ouve e lhe envia a esperança. Mas o simples remorso do mal não basta, pois é preciso a reparação. Por isso, o culpado é submetido a novas provas, nas quais pode sempre, por sua vontade, fazer o bem em reparação ao mal que fez.

O homem é, assim, constantemente, o árbitro de sua própria sorte, podendo abreviar seu suplício ou prolongá-lo indefinidamente. Sua felicidade, ou sua infelicidade, dependem da sua vontade de fazer o bem."

Tal é a lei; lei *imutável* e conforme a bondade e a justiça de Deus.

O Espírito culpado e infeliz pode, assim, sempre salvar-se a si mesmo: a lei de Deus lhe diz em que condições pode fazê-lo. Frequentemente, o que lhe falta é a vontade, a força, a coragem; se, por nossas preces, nós lhe inspiramos essa vontade, se o sustentamos e encorajamos; se, por nossos conselhos, nós lhe damos as luzes que lhe faltam, *ao invés de solicitar a Deus a derrogação da sua lei, nos tornamos instrumentos para a execução da sua lei de amor e de caridade,* na qual ele nos permite, assim, participar dando, nós mesmos, uma prova de caridade. (Vede, *O Céu e o Inferno,* 1ª parte, cap. IV, VII, VIII).

INSTRUÇÕES DOS ESPÍRITOS

MANEIRA DE ORAR

22. O primeiro dever de toda criatura humana, o primeiro ato que deve assinalar-lhe o retorno à vida ativa de cada dia, é a prece. Quase todos vós orais, mas quão poucos sabem orar! Que importa ao Senhor as frases que ligais, maquinalmente, umas às outras, porque disso tendes hábito; é um dever que vos impondes e, como todo dever, vos pesa.

A prece do cristão, do *Espírita*, de qualquer culto que seja, deve ser feita desde que o Espírito retomou o jugo da carne. Deve se elevar aos pés da majestade divina com humildade, com profundidade, num arrebatamento de gratidão por todos os benefícios concedidos até esse dia: pela noite que se escoou e durante a qual vos foi permitido, embora inconscientemente, retornar junto de vossos amigos, de vossos guias, para haurir, ao seu contato, mais força e perseverança. Ela deve se elevar humilde aos pés do Senhor, para lhe recomendar vossa fraqueza, pedir seu apoio, sua indulgência, sua misericórdia. Deve ser profunda, porque é vossa alma quem deve se elevar até o Criador, que deve se transfigurar como Jesus no Tabor, e tornar-se alva e irradiante de esperança e de amor.

Vossa prece deve encerrar o pedido das graças de que tendes necessidade, mas uma necessidade real. Inútil, pois, pedir ao Senhor abreviar as vossas provas, vos dar as alegrias e a riqueza; pedi-lhe para vos conceder os bens mais preciosos da paciência, da resignação e da fé. Não digais, como ocorre a muitos entre vós: "Não vale a pena orar, uma vez que Deus não me atende." Que pedis a Deus na maioria das vezes? Frequentemente, pensastes em lhe pedir o vosso melhoramento moral? Oh! não, muito pouco; mas imaginais antes lhe pedir *o sucesso nos vossos empreendimentos terrestres*, e exclamastes: "Deus não se ocupa conosco; se disso se ocupasse, não haveria tantas injustiças". Insensatos! Ingratos! se descêsseis ao fundo da vossa consciência, encontraríeis, quase sempre, em vós mesmos o ponto de partida dos males dos quais vos lamentais. Pedi, pois, antes de todas as coisas, o vosso progresso, e vereis que torrente de graças e de consolações se derramará sobre vós. (Cap. V, nº 4).

Deveis orar sem cessar, sem para isso vos recolherdes em vosso aposento, ou ajoelhar nas praças públicas. A prece diária é o cumprimento dos vossos deveres, dos vossos deveres sem exceção, de qualquer natureza que eles sejam. Não é um ato de amor ao vosso Senhor, assistir vossos irmãos numa necessidade qualquer, moral ou física? Não é fazer um ato de reconhecimento, elevar vosso pensamento até ele, quando uma alegria vos chega, um acidente é evitado, mesmo quando uma contrariedade só vos aflora, se dizeis pelo pensamento: *Sede bendito, meu Pai!* Não é um ato de contrição vos humilhar diante do juiz supremo, quando sentis que falhastes, não fosse senão por um pensamento fugidio, e lhe dizer: *Perdoai-me, meu Deus, porque eu pequei (por orgulho, por egoísmo, ou por falta de caridade); dai-me a força de não mais falhar e a coragem de reparar*?

Isso é independente das preces regulares da manhã e da tarde, e dos dias consagrados; mas, como vedes, a prece pode ser de todos os instantes, sem ocasionar nenhuma interrupção aos vossos trabalhos; ao contrário, elas os santificam. E crede bem que um só desses pensamentos, partindo do coração, é mais ouvido por vosso Pai celestial que as longas preces ditadas pelo hábito, frequentemente, sem causa determinada, e às quais *a hora convencionada vos lembra maquinalmente*. (V. Monod. Bordéus, 1862).

ALEGRIA DA PRECE

23. Vinde, vós que quereis crer: os Espíritos celestes acorrem e vêm vos anunciar grandes coisas. Deus, meus filhos, abre seus tesouros para vos dar todos os seus benefícios. Homens incrédulos! Se soubésseis quanto a fé faz bem ao coração e leva a alma ao arrependimento e à prece! A prece! ah! como são tocantes as palavras que saem da boca que ora! A prece é um orvalho divino que destrói o maior calor das paixões; filha primogênita da fé, ela nos conduz ao caminho que leva a Deus. No recolhimento e na solidão, estais com Deus; para vós não há mais mistérios, eles se vos revelam. Apóstolos do pensamento, para vós é a vida; vossa alma se desliga da matéria e rola nesses mundos infinitos e etéreos que os pobres humanos desconhecem.

Marchai, marchai nos caminhos da prece e ouvireis a voz dos anjos. Que harmonia! Não mais os ruídos confusos e a entonação aguda da Terra; são as liras dos arcanjos, a voz doce e suave dos serafins, mais leves que as brisas da manhã, quando brincam nas folhagens dos vossos grandes bosques. Em que delícias caminhareis! Vossa linguagem não poderá definir essa felicidade, tanto entrará por todos os poros, tanto a fonte na qual bebe, orando, é viva e refrescante! Doces vozes, embriagadores perfumes que a alma ouve e saboreia quando se lança a essas esferas desconhecidas e habitadas pela prece! Sem mistura de desejos carnais, todas as aspirações são divinas. E vós, também, orai com o Cristo, levando sua cruz do Gólgota ao Calvário; levai a vossa cruz e sentireis as doces emoções que passavam em sua alma, embora carregado de um madeiro infamante; ele ia morrer, mas para viver a vida celestial na morada de seu Pai. (Santo Agostinho, Paris, 1861).

COLETÂNEA DE PRECES ESPÍRITAS *

PREÂMBULO

1. Os Espíritos sempre disseram: "A forma não é nada, o pensamento é tudo. Orai, cada um, segundo as vossas convicções e o modo que mais vos toca; um bom pensamento vale mais que numerosas palavras estranhas ao coração."

Os Espíritos não prescrevem nenhuma fórmula absoluta de preces; quando as dão é para fixar as ideias e, sobretudo, para chamar a atenção sobre certos princípios da Doutrina Espírita. É também com o objetivo de ajudar as pessoas que têm dificuldades para expressar suas ideias, porque existem as que não creem ter realmente orado, se seus pensamentos não foram formulados.

A coletânea de preces contidas neste capítulo é uma escolha feita entre as que foram ditadas pelos Espíritos em diversas circunstâncias; eles ditaram outras, e em outros termos, apropriadas a certas ideias ou a casos especiais, mas pouco importa a forma, se o pensamento fundamental é o mesmo. O objetivo da prece é elevar nossa alma a Deus; a diversidade das

* "O Evangelho Segundo o Espiritismo", Capítulo XXVIII, edição IDE.

fórmulas não deve estabelecer nenhuma diferença entre aqueles que nele creem, e ainda menos entre os adeptos do Espiritismo, porque Deus as aceita todas quando são sinceras.

Não é preciso, pois, considerar esta coletânea como um formulário absoluto, mas como uma variedade entre as instruções que dão os Espíritos. É uma aplicação dos princípios da moral evangélica, desenvolvidos neste livro, um complemento aos seus ditados sobre os deveres para com Deus e o próximo, onde são lembrados todos os princípios da Doutrina.

O Espiritismo reconhece como boas as preces de todos os cultos, quando são ditadas pelo coração, e não pelos lábios; não impõe nenhuma delas, nem censura nenhuma. Deus é muito grande, segundo ele, para rejeitar a voz que lhe implora ou que canta seus louvores, porque a faz de um modo antes que de outro. *Todo aquele que lançasse anátema contra as preces que não estão no seu formulário, provaria que desconhece a grandeza de Deus.* Crer que Deus se prende a uma fórmula é emprestar-lhe a pequenez e as paixões da humanidade.

Uma condição essencial da prece, segundo São Paulo (cap. XXVII, nº 16), é de ser inteligível, a fim de que possa falar ao nosso espírito; por isso, não basta que ela seja dita numa língua compreendida daquele que ora; há preces em linguagem vulgar que não dizem muito mais ao pensamento do que se fossem em linguagem estrangeira, e que, por isso mesmo, não vão ao coração; as raras ideias que elas encerram são, frequentemente, sufocadas pela superabundância de palavras e o misticismo da linguagem.

A principal qualidade da prece é ser clara, simples e concisa, sem fraseologia inútil, nem luxo de epítetos que não são senão enfeites de brilho falso. Cada palavra deve ter a sua importância, revelar uma ideia, movimentar uma fibra: numa palavra, *deve fazer refletir;* só com essa condição, a prece pode alcançar o seu objetivo, de outro modo, *não é senão ruído.* Vede também com que ar de distração e volubilidade elas são ditas na maioria das vezes; veem-se lábios que se movimentam, mas, pela expressão da fisionomia e mesmo o som da voz, reconhece-se um ato maquinal, puramente exterior, ao qual a alma permanece indiferente.

As preces reunidas nesta coletânea estão divididas em cinco categorias: preces gerais, preces para si mesmo, preces pelos vivos, preces pelos mortos e preces especiais para os doentes e os obsediados.

Com a finalidade de chamar mais particularmente a atenção sobre o objeto de cada prece, e melhor fazer compreender a sua importância, elas são todas precedidas de uma instrução preliminar, espécie de exposição de motivos, sob o título de *prefácio.*

I - PRECES GERAIS

ORAÇÃO DOMINICAL

2. *PREFÁCIO.* Os Espíritos recomendaram colocar a *Oração Dominical* à frente desta coletânea, não somente como prece, mas como símbolo; de todas as preces, é a que colocam em primeiro plano, seja porque ela veio do próprio Jesus (São Mateus, cap. VI, v. de 9 a 13), seja porque pode substituir a todas, segundo o pensamento que se lhes fixa; é o mais perfeito modelo de concisão, verdadeira obra-prima de sublimidade na sua simplicidade. Com efeito, sob a mais restrita forma, resume todos os deveres do homem para com Deus, para consigo mesmo e para com o próximo, encerra uma profissão de fé, um ato de adoração e de

submissão, o pedido das coisas necessárias à vida, e o princípio da caridade. Dizê-la em intenção de alguém, é pedir para ele o que se pediria para si.

Entretanto, em razão mesmo da sua brevidade, o sentimento profundo encerrado em algumas palavras das quais ela se compõe, escapa à maioria; por isso é dita, geralmente, sem dirigir o pensamento sobre as aplicações de cada uma das suas partes; é dita como uma fórmula, cuja eficácia é proporcional ao número de vezes que é repetida; ora, é quase sempre um dos números cabalísticos *três, sete* ou *nove,* tirados da antiga crença supersticiosa da virtude dos números, e em uso nas operações da magia.

Para completar o vago que a concisão dessa prece deixa no pensamento, segundo o conselho e com a assistência dos bons Espíritos, foi juntado a cada proposição um comentário que lhes desenvolve o sentido e mostra suas aplicações. Segundo as circunstâncias e o tempo disponível, pode-se dizer, pois, a Oração dominical *simples* ou *desenvolvida*.

3. PRECE. – I. Pai Nosso que estais nos céus, santificado seja o vosso nome!

Cremos em vós, Senhor, porque tudo revela o vosso poder e a vossa bondade. A harmonia do Universo testemunha uma sabedoria, uma prudência e uma previdência que suplantam todas as faculdades humanas; o nome de um ser soberanamente grande e sábio está inscrito em todas as obras da Criação, desde o ramo de erva e no menor inseto, até os astros que se movem no espaço; por toda parte vemos a prova de uma solicitude paternal; por isso, cego é aquele que não vos reconhece em vossas obras, orgulhoso aquele que não vos glorifica e ingrato aquele que não vos rende ações de graça.

II. Venha o vosso reino!

Senhor, destes aos homens leis cheias de sabedoria e que fariam a sua felicidade se as observassem. Com essas leis, fariam reinar entre eles a paz e a justiça; se entreajudariam mutuamente, em lugar de se prejudicarem como o fazem; o forte sustentaria o fraco em lugar de esmagá-lo; evitariam os males que engendram os abusos e os excessos de todos os gêneros. Todas as misérias deste mundo vêm da violação de vossas leis, porque não há uma só infração que não tenha consequências fatais.

Destes ao animal o instinto que lhe traça o limite do necessário, e ele com isso maquinalmente se conforma; mas ao homem, além desse instinto, destes a inteligência e a razão; destes também a liberdade de observar ou infringir aquelas de vossas leis que lhe concernem pessoalmente, quer dizer, de escolher entre o bem e o mal, a fim de que tenha o mérito e a responsabilidade das suas ações.

Ninguém pode pretextar ignorância de vossas leis, porque em vossa previdência paternal, quisestes que elas fossem gravadas na consciência de cada um, sem distinção de culto nem de nações; aqueles que as violam é porque vos desconhecem.

Dia virá em que, segundo a vossa promessa, todos as praticarão; então, a incredulidade terá desaparecido; todos vos reconhecerão por soberano Senhor de todas as coisas, e o reino de vossas leis será o vosso reino na Terra.

Dignai-vos, Senhor, apressar o seu advento, dando aos homens a luz necessária para conduzi-los ao caminho da verdade.

III. Seja feita a vossa vontade, na Terra, como no céu!

Se a submissão é um dever do filho com relação ao pai, do inferior para com o superior, quanto não deve ser maior a da criatura com relação ao seu Criador. Fazer a vossa vontade, Senhor, é observar as vossas leis e se submeter, sem murmurar, aos vossos decretos divinos; o homem a isso se submeterá, quando compreender que sois a fonte de toda a sabedoria, e que sem vós, ele nada pode; então, fará vossa vontade na Terra, como os eleitos no céu.

IV. Dai-nos o pão de cada dia.

Dai-nos o alimento para a manutenção das forças do corpo; dai-nos também o alimento espiritual para o desenvolvimento do nosso Espírito.

O animal encontra seu alimento, mas o homem o deve à sua própria atividade e aos recursos da sua inteligência, porque o criastes livre.

Vós lhe dissestes: "Tirarás teu alimento da terra com o suor da tua fronte"; com isso, lhe fizestes do trabalho uma obrigação, a fim de que ele exercite a sua inteligência na procura dos meios de prover as suas necessidades e seu bem-estar, uns pelo trabalho material, outros pelo trabalho intelectual; sem o trabalho, permaneceria estacionário e não poderia aspirar à felicidade dos Espíritos superiores.

Secundais o homem de boa vontade que se confia a vós para o necessário, mas não aquele que se compraz na ociosidade e gostaria de tudo obter sem trabalho, nem aquele que procura o supérfluo. (Cap. XXV).

Quantos são os que sucumbem por suas próprias faltas, por sua incúria, sua imprevidência ou sua ambição, e por não quererem se contentar com o que lhes destes! Estes são os artífices de seu próprio infortúnio e não têm o direito de se lamentar, porque são punidos naquilo em que pecaram. Mas a estes mesmos, não abandonais, porque sois infinitamente misericordioso; vós lhes estendeis mão segura desde que, como o filho pródigo, retornem sinceramente a vós. (Cap. V, nº 4).

Antes de nos lamentarmos da nossa sorte, perguntemo-nos se ela não é obra nossa; a cada infelicidade que nos chegue, perguntemo-nos se não dependeu de nós evitá-la; mas digamos também que Deus nos deu a inteligência para nos tirar do lamaçal, e que depende de nós dela fazer uso.

Uma vez que a lei do trabalho é a condição do homem na Terra, dai-nos a coragem e a força para cumpri-la; dai-nos também a prudência, a previdência e a moderação, a fim de não perder-lhe o fruto.

Dai-nos, pois, Senhor, nosso pão de cada dia, quer dizer, os meios de adquirir, pelo trabalho, as coisas necessárias à vida, porque ninguém tem o direito de reclamar o supérfluo.

Se o trabalho nos é impossível, nos confiamos à vossa divina providência.

Se está em vossos desígnios nos experimentar pelas mais duras privações, malgrado os nossos esforços, nós as aceitaremos como uma justa expiação de faltas que tenhamos cometido nesta vida, ou numa vida precedente, porque sois justo; sabemos que não há penas imerecidas, e que não punis jamais sem causa.

Preservai-nos, ó meu Deus, de conceber a inveja contra aqueles que possuem o que não temos, nem mesmo contra aqueles que têm o supérfluo, quando nos falta o necessário. Perdoai-lhes, se olvidam a lei de caridade e de amor ao próximo, que lhes ensinastes. (Cap. XVI, nº 8).

Afastai também do nosso espírito o pensamento de negar a vossa justiça, vendo a prosperidade do mau e a infelicidade que oprime, por vezes, o homem de bem. Sabemos, agora, graças às novas luzes que vos aprouve dar-nos, que a vossa justiça se cumpre sempre e não falta a ninguém; que a prosperidade material do mau é efêmera como a sua existência corporal, e que terá terríveis reveses, ao passo que a alegria reservada àquele que sofre com resignação será eterna. (Cap. V, nºs 7, 9, 12, 18).

V. Perdoai as nossas dívidas como nós as perdoamos àqueles que nos devem. Perdoai as nossas ofensas, como perdoamos àqueles que nos ofenderam.

Cada uma das nossas infrações às vossas leis, Senhor, é uma ofensa para convosco, e uma dívida contraída que nos será preciso, cedo ou tarde, pagar. Para elas solicitamos o perdão de vossa infinita misericórdia, sob a promessa de fazer esforços para não contrair dívidas novas.

Fizestes uma lei expressa da caridade; mas a caridade não consiste somente em assistir o semelhante na necessidade; consiste também no esquecimento e no perdão das ofensas. Com que direito reclamaríamos a vossa indulgência, se nós mesmos faltamos com ela em relação àqueles dos quais temos do que nos queixar?

Dai-nos, ó meu Deus, a força para sufocar em nossa alma todo ressentimento, todo ódio e todo rancor; *fazei com que a morte não nos surpreenda com um desejo de vingança no coração.* Se vos apraz nos retirar hoje mesmo deste mundo, fazei com que possamos nos apresentar a vós puros de toda animosidade, a exemplo do Cristo, cujas últimas palavras foram por seus algozes. (Cap. X).

As perseguições que os maus nos fazem suportar fazem parte das nossas provas terrestres; devemos aceitá-las sem murmurar, como todas as outras provas, e não maldizer aqueles que, por sua maldade, nos abrem o caminho da felicidade eterna, porque dissestes pela boca de Jesus: "Bem-aventurados aqueles que sofrem pela justiça!" Bendigamos, pois, a mão que nos fere e nos humilha, porque as contusões do corpo fortalecem nossa alma, e seremos levantados da nossa humildade. (Cap. XII, nº 4).

Bendito seja o vosso nome, Senhor, por nos haverdes ensinado que a nossa sorte não está irremediavelmente fixada depois da morte; que encontraremos em outras existências os meios de resgatar e de reparar as nossas faltas passadas, de cumprir numa nova vida o que não pudemos fazer nesta por nosso adiantamento. (Cap. IV; cap. V, nº 5).

Assim se explicam, enfim, todas as anomalias aparentes da vida; é a luz lançada sobre nosso passado e nosso futuro, o sinal radioso da vossa soberana justiça e da vossa bondade infinita.

VI. Não nos abandoneis à tentação, mas livrai-nos do mal (1).

Dai-nos, Senhor, a força de resistir às sugestões dos maus Espíritos que tentarem nos desviar do caminho do bem, em nos inspirando maus pensamentos.

---

(1) Certas traduções trazem: **Não nos induzais em tentação** (et ne nos inducas in tentationem); essa expressão daria a entender que a tentação vem de Deus; que ele compele voluntariamente os homens ao mal, pensamento blasfematório que assemelharia Deus a Satã, e não pode ter sido o de Jesus. Ela está, de resto, conforme a doutrina vulgar sobre o papel dos demônios. (Ver **O Céu e o Inferno,** cap. X, os Demônios).

Mas somos, nós mesmos, Espíritos imperfeitos, encarnados sobre esta Terra para expiar e nos melhorarmos. A causa primeira do mal está em nós, e os maus Espíritos não fazem senão aproveitar nossas tendências viciosas, nas quais nos mantêm, para nos tentar.

Cada imperfeição é uma porta aberta à sua influência, ao passo que nada podem, e renunciam a toda tentativa, contra os seres perfeitos. Tudo o que poderíamos fazer para os afastar é inútil se não lhes opusermos uma vontade inabalável no bem, e uma renúncia absoluta ao mal. É, pois, contra nós mesmos que é preciso dirigir os nossos esforços, e então os maus Espíritos se afastarão naturalmente, porque é o mal que os atrai, enquanto que o bem os repele. (Ver adiante, *Preces pelos obsediados*).

Senhor, sustentai-nos em nossa fraqueza; inspirai-nos, pela voz dos nossos anjos guardiães e dos Bons Espíritos, a vontade de nos corrigir em nossas imperfeições, a fim de fechar, aos Espíritos impuros, o acesso à nossa alma. (Ver adiante nº 11).

O mal não é vossa obra, Senhor, porque a fonte de todo bem não pode nada engendrar de mau; nós mesmos o criamos, infringindo as vossas leis, e pelo mau uso que fazemos da liberdade que nos concedestes. Quando os homens observarem vossas leis, o mal desaparecerá da Terra, como já desapareceu dos mundos mais avançados.

O mal não é uma necessidade fatal para ninguém, e não parece irresistível senão àqueles que a ele se abandonam com satisfação. Se temos a vontade de fazê-lo, podemos ter também a de fazer o bem; por isso, ó meu Deus, pedimos a vossa assistência e a dos bons Espíritos para resistirmos à tentação.

VII. Assim seja.

Praza a vós, Senhor, que os nossos desejos se cumpram! Mas nos inclinamos diante da vossa sabedoria infinita. Sobre todas as coisas que não nos é dado compreender, que seja feito segundo a vossa santa vontade, e não segundo a nossa, porque não quereis senão o nosso bem, e sabeis melhor do que nós o que nos é útil.

Nós vos dirigimos esta prece, meu Deus, por nós mesmos; nós vo-la dirigimos também por todas as almas sofredoras, encarnadas ou desencarnadas, por nossos amigos e nossos inimigos, por todos aqueles que reclamam a nossa assistência, e em particular por N...

Pedimos para todos a vossa misericórdia e a vossa bênção.

Nota: Pode-se formular aqui o que se agradece a Deus, e o que se pede para si mesmo ou para outrem. (Ver adiante, as preces nºs 26 e 27).

REUNIÕES ESPÍRITAS

4. *Em qualquer lugar em que se encontrem duas ou três pessoas reunidas em meu nome, aí eu estarei no meio delas. (São Mateus, cap. XVIII, v. 20).*

5. PREFÁCIO. Estar reunidos em nome de Jesus não quer dizer que basta estar reunidos materialmente, mas de o estar espiritualmente, pela comunhão de intenções e de pensamentos para o bem; então Jesus se encontra no meio da assembleia, ele ou os Espíritos puros que o representam. O Espiritismo nos faz compreender como os Espíritos podem estar entre nós. Eles aí estão com o seu corpo fluídico ou espiritual, e com a aparência que no-los faria conhecer se se tornassem visíveis. Quanto mais são elevados na hierarquia, maior é o seu poder de irradiação; é assim

que possuem o dom da ubiquidade e podem se achar sobre vários pontos simultaneamente: basta-lhes para isso um raio do seu pensamento.

Por essas palavras, Jesus quis mostrar o efeito da união e da fraternidade; não é o maior ou o menor número que o atrai, uma vez que, em lugar de duas ou três pessoas, ele poderia ter dito dez ou vinte, mas o sentimento de caridade que as anime, umas em relação às outras; ora, para isso bastam duas. Mas se essas duas pessoas oram cada uma do seu lado, se bem que se dirijam a Jesus, não há entre elas comunhão de pensamentos, se, sobretudo, não estão movidas por um sentimento de benevolência mútua; se elas mesmas se veem mal, com ódio, inveja ou ciúme, as correntes fluídicas dos seus pensamentos se repelem, em lugar de se unirem por um comum impulso de simpatia, e então *elas não estão reunidas em nome de Jesus;* Jesus não é senão *o pretexto* da reunião, e não o verdadeiro motivo. (Cap. XXVII, nº 9).

Isso não implica que esteja surdo à voz de uma pessoa só; se ele nos disse: "Eu virei para todo aquele que me chamar", é porque exige, antes de tudo, o amor ao próximo, do qual se pode dar mais provas quando se está acompanhado do que no isolamento, e porque todo sentimento pessoal o afasta; segue-se que se, numa assembleia numerosa, duas ou três pessoas somente se unam de coração pelo sentimento de uma verdadeira caridade, enquanto que as outras se isolam e se concentram nas ideias egoísticas ou mundanas, ele estará com as primeiras e não com as outras. Não é, pois, a simultaneidade das palavras, dos cânticos ou dos atos exteriores que constituem a reunião em nome de Jesus, mas a comunhão de pensamentos, conforme o espírito de caridade personificado em Jesus. (Cap. X, nºs 7, 8; cap. XXVII, nºs 2, 3 e 4).

Tal deve ser o caráter das reuniões espíritas sérias, daquelas em que se quer sinceramente o concurso dos bons Espíritos.

6. PRECE. (No início da reunião). – Rogamos ao Senhor Deus Todo-Poderoso nos enviar bons Espíritos para nos assistir, afastar aqueles que poderiam nos induzir em erro, e nos conceder a luz necessária para distinguirmos a verdade da impostura.

Afastai também os Espíritos malévolos, encarnados ou desencarnados, que poderiam tentar lançar a desunião entre nós, e nos desviar da caridade e do amor ao próximo. Se alguns procurarem se introduzir aqui, fazei com que não encontrem acesso no coração de nenhum de nós.

Bons Espíritos, que vos dignai vir nos instruir, tornai-nos dóceis aos vossos conselhos; afastai-nos de todo pensamento de egoísmo, de orgulho, de inveja e de ciúme; inspirai-nos a indulgência e a benevolência para com os nossos semelhantes presentes ou ausentes, amigos ou inimigos; fazei, enfim que, nos sentimentos dos quais estaremos animados, reconheçamos a vossa salutar influência.

Dai aos médiuns, que encarregardes de nos transmitir os vossos ensinamentos, a consciência da santidade do mandato que lhes está confiado e da gravidade do ato que vão realizar, a fim de que nele empreguem o fervor e o recolhimento necessários.

Se, na assembleia, se encontrarem pessoas que foram atraídas por outros sentimentos que não os do bem, abri seus olhos à luz, e perdoai-lhes, como nós lhes perdoamos, se vieram com intenções malévolas.

Rogamos notadamente ao Espírito de N..., nosso guia espiritual, para nos assistir e velar sobre nós.

7. (No final da reunião). – Agradecemos aos

bons Espíritos que quiseram vir se comunicar conosco; nós lhes rogamos nos ajudar a pôr em prática as instruções que nos deram, e fazer com que, saindo daqui, cada um de nós se sinta fortalecido na prática do bem e do amor ao próximo.

Desejamos, igualmente, que essas instruções sejam proveitosas para os Espíritos sofredores, ignorantes ou viciosos que puderam assistir a esta reunião, e para os quais pedimos a misericórdia de Deus.

PELOS MÉDIUNS

8. Nos últimos tempos, disse o Senhor, derramarei do meu Espírito sobre toda carne; vossos filhos e vossas filhas profetizarão, vossos jovens terão visões, e vossos velhos, sonhos. Naqueles dias, derramarei de meu Espírito sobre meus servos e sobre minhas servas, e eles profetizarão. (Atos, cap. II, v. 17 e 18).

9. PREFÁCIO. O Senhor quis que a luz se fizesse para todos os homens e penetrasse por toda parte pela voz dos Espíritos, a fim de que cada um pudesse obter a prova da imortalidade; é com essa finalidade que os Espíritos se manifestam hoje sobre todos os pontos da Terra, e a mediunidade que se revela nas pessoas de todas as idades e de todas as condições, entre os homens e entre as mulheres, entre as crianças e entre os velhos, é um dos sinais do cumprimento dos tempos preditos.

Para conhecer as coisas do mundo visível, e descobrir os segredos da natureza material, Deus deu ao homem a visão do corpo, os sentidos e instrumentos especiais; com o telescópio, ele mergulha seus olhares nas profundezas do espaço, e com o microscópio, descobriu o mundo dos infinitamente pequenos. Para penetrar no mundo invisível deu-lhe a mediunidade.

Os médiuns são os intérpretes encarregados de transmitir aos homens os ensinamentos dos Espíritos; ou melhor, *são os órgãos materiais pelos quais se exprimem os Espíritos para se tornarem inteligíveis aos homens*. Sua missão é santa, porque tem por finalidade abrir os horizontes da vida eterna.

Os Espíritos vêm instruir o homem sobre a sua destinação futura, a fim de o conduzir no caminho do bem, e não para lhe poupar o trabalho material que deve realizar neste mundo para seu adiantamento, nem para favorecer a sua ambição e sua cupidez. Eis do que os médiuns devem se compenetrar bem, para não fazerem mau uso de suas faculdades. Aquele que compreende a gravidade do mandato de que está investido, cumpre-o religiosamente; sua consciência lhe reprovaria, como um ato sacrílego, fazer um divertimento e uma distração, *para si ou para os outros*, de uma faculdade dada com objetivo tão sério, e que o coloca em intercâmbio com os seres do além-túmulo.

Como intérpretes do ensinamento dos Espíritos, os médiuns devem desempenhar um papel importante na transformação moral que se opera; os serviços que podem prestar estão em razão da boa direção que deem à sua faculdade, porque os que estão num mau caminho são mais nocivos do que úteis à causa do Espiritismo; pelas más impressões que produzem, retardam mais de uma conversão. Por isso, lhes serão pedidas contas do uso que terão feito de uma faculdade que lhes foi dada para o bem de seus semelhantes.

O médium que quer conservar a assistência dos bons Espíritos deve trabalhar pelo próprio adiantamento; o que quer ver crescer e desenvolver a sua faculdade deve, ele próprio, crescer moralmente, e se abster de tudo o que possa desviá-lo de seu objetivo providencial.

Se os bons Espíritos se servem por vezes de instrumentos imperfeitos, é para dar bons conselhos e diligenciar em os conduzir ao bem; mas se encontram corações endurecidos, e se seus avisos não são escutados, eles se retiram, e os maus têm, então, o campo livre. (Cap. XXIV, nºs 11 e 12).

A experiência prova que, entre aqueles que não sabem aproveitar os conselhos que recebem dos bons Espíritos, as comunicações, após terem brilhado durante certo tempo, degeneram, pouco a pouco, e acabam por cair no erro, na verbosidade ou no ridículo, sinal incontestável do afastamento dos bons Espíritos.

Obter a assistência dos bons Espíritos, afastar os Espíritos levianos e mentirosos, tal deve ser o objetivo dos esforços constantes de todos os médiuns sérios; sem isso a mediunidade é uma faculdade estéril, que pode mesmo reverter em prejuízo daquele que a possui, porque pode degenerar em obsessão perigosa.

O médium que compreende seu dever, em lugar de se envaidecer de uma faculdade que não lhe pertence, uma vez que pode lhe ser tirada, atribui a Deus as coisas boas que obtém. Se suas comunicações merecem elogios, disso não se envaidece, porque sabe que elas são independentes do seu mérito pessoal, e agradece a Deus por haver permitido que bons Espíritos viessem se manifestar por ele. Se dão lugar à crítica, não se ofende com isso, porque não são obra do seu próprio Espírito; diz a si mesmo que não foi um bom instrumento, e que não possui todas as qualidades necessárias para se opor à ingerência dos maus Espíritos; por isso, procura adquirir essas qualidades, e pede, pela prece, a força que lhe falta.

10. PRECE. – Deus Todo-Poderoso, permiti aos bons Espíritos me assistirem na comunicação que solicito. Preservai-me da presunção de crer-me ao

abrigo dos maus Espíritos; do orgulho que poderia me enganar sobre o valor do que obtenho; de todo sentimento contrário à caridade, com respeito aos outros médiuns. Se estou induzido ao erro, inspirai a alguém o pensamento de me advertir, e a mim a humildade que me fará aceitar a crítica com reconhecimento, e tomar para mim mesmo, e não para os outros, os conselhos que quererão me ditar os bons Espíritos.

Se estou tentado em abusar do que quer que seja, ou de me envaidecer da faculdade que vos aprouve me conceder, eu vos peço ma retirar, antes de permitir que seja desviada de seu fim providencial, que é o bem de todos, e meu próprio adiantamento moral.

II - PRECES PARA SI MESMO

AOS ANJOS GUARDIÃES E AOS ESPÍRITOS PROTETORES

11. PREFÁCIO. Todos temos um bom Espírito que se ligou a nós desde o nosso nascimento, e nos tomou sob a sua proteção. Cumpre junto de nós a missão de um pai junto ao filho: a de nos conduzir no caminho do bem e do progresso através das provas da vida. Ele é feliz quando correspondemos à sua solicitude; sofre quando nos vê sucumbir.

Seu nome nos importa pouco, porque pode não ter nome conhecido na Terra; nós o evocamos, então, como nosso anjo guardião, nosso bom gênio; podemos mesmo invocá-lo sob o nome de um Espírito superior qualquer, pelo qual sentimos, mais particularmente, simpatia.

Além do nosso anjo guardião, que é sempre um Espírito superior, temos Espíritos protetores que, por serem menos elevados, não são menos bons e benevolentes; são ou parentes, ou amigos, ou algumas vezes pessoas que não conhecemos em nossa existência atual. Eles nos assistem com seus conselhos, e frequentemente pela sua intervenção nos atos da nossa vida.

Os Espíritos simpáticos são aqueles que se ligam a nós por uma certa semelhança de gostos e tendências: podem ser bons ou maus, segundo a natureza das inclinações que os atraem para nós.

Os Espíritos sedutores se esforçam por nos desviar do caminho do bem, nos sugerindo maus pensamentos. Aproveitam de todas as nossas fraquezas como de tantas portas abertas que lhes dão acesso à nossa alma. Há os que se obstinam contra nós como sobre uma presa, mas *se afastam quando reconhecem não poderem lutar contra a nossa vontade.*

Deus nos deu um guia principal e superior em nosso anjo guardião, e guias secundários em nossos Espíritos protetores e familiares; mas é um erro crer que temos *forçosamente* um mau gênio colocado perto de nós para contrabalançar as boas influências. Os maus Espíritos vêm *voluntariamente* segundo encontrem acesso sobre a nossa fraqueza ou nossa negligência em seguir as inspirações dos bons Espíritos; portanto, somos nós quem os atraímos. Disso resulta que ninguém está jamais privado da assistência dos bons Espíritos, e que depende de nós afastar os maus. Por suas imperfeições, o homem sendo a causa primeira das misérias que suporta é, o mais frequentemente, seu próprio mau gênio. (Cap. V, nº 4).

A prece aos anjos guardiães e aos Espíritos protetores deve ter por finalidade solicitar sua intervenção junto de Deus, de lhes pedir a força de resistir às más sugestões, e a sua assistência nas necessidades da vida.

12. PRECE. – Espíritos sábios e benevolentes, mensageiros de Deus, cuja missão é assistir os homens e conduzi-los no bom caminho, sustentai-me nas provas desta vida; dai-me a força de suportá-las sem murmurar; desviai de mim os maus pensamentos, e fazei com que eu não dê acesso a nenhum dos maus Espíritos que tentarem me induzir ao mal. Esclarecei minha consciência sobre meus defeitos, e elevai de sobre meus olhos o véu do orgulho que poderia impedir-me de os perceber e confessá-los a mim mesmo.

Vós, sobretudo N..., meu anjo guardião, que velais mais particularmente por mim, e vós todos Espíritos protetores que vos interessais por mim, fazei com que me torne digno da vossa benevolência. Conheceis as minhas necessidades, que elas sejam satisfeitas segundo a vontade de Deus.

13. (Outra). – Meu Deus, permiti aos bons Espíritos que me cercam, virem em minha ajuda quando estiver em dificuldade, e me sustentar se vacilo. Fazei, Senhor, que eles me inspirem a fé, a esperança e a caridade; que sejam para mim um apoio, uma esperança e uma prova da vossa misericórdia; fazei, enfim, que eu encontre junto deles a força que me falta nas provas da vida, e, para resistir às sugestões do mal, a fé que salva e o amor que consola.

14. (Outra). – Espíritos bem-amados, anjos guardiães, vós a quem Deus, em sua infinita misericórdia, permite velar pelos homens, sede meus protetores nas provas da minha vida terrestre. Dai-me a força, a coragem e a resignação; inspirai-me tudo o que é bom e detende-me na inclinação do mal; que vossa doce influência penetre minha alma; fazei com que eu sinta que um amigo devotado está perto de mim, que vê meus sofrimentos e partilha minhas alegrias.

E vós, meu bom anjo, não me abandoneis;

tenho necessidade de toda a vossa proteção para suportar com fé e amor as provas que aprouver a Deus me enviar.

PARA AFASTAR OS MAUS ESPÍRITOS

15. Ai de vós, Escribas e Fariseus hipócritas, porque limpais o exterior do copo e do prato, e estais por dentro cheios de rapina e de impurezas. Fariseus cegos, limpai primeiramente o interior do copo e do prato, a fim de que o exterior também esteja limpo. Ai de vós, Escribas e Fariseus hipócritas! porque sois semelhantes a sepulcros caiados, que por fora parecem belos aos olhos dos homens mas que, por dentro, estão cheios de toda sorte de podridão. Assim, por fora, pareceis justos aos olhos dos homens, mas, por dentro, estais cheios de hipocrisia e de iniquidades. (São Mateus, cap. XXIII, v. 25 a 28).

16. PREFÁCIO. Os maus Espíritos não vão senão onde acham com o que satisfazerem a sua perversidade; para afastá-los, não basta pedir-lhes nem mesmo ordenar: é preciso despojar de si o que os atrai. Os maus Espíritos farejam as chagas da alma, como as moscas farejam as chagas do corpo; do mesmo modo que limpais o corpo para evitar a bicheira, limpai também a alma de suas impurezas para evitar os maus Espíritos. Como vivemos num mundo onde pululam os maus Espíritos, as boas qualidades do coração não nos colocam ao abrigo de suas tentativas, mas dão a força de lhes resistir.

17. PRECE. Em nome de Deus Todo-Poderoso, que os maus Espíritos se afastem de mim, e que os bons me sirvam de proteção contra eles!

Espíritos malfazejos, que inspirais aos homens maus pensamentos; Espíritos trapaceiros e mentirosos, que os enganais; Espíritos zombeteiros, que vos divertis com a sua credulidade, eu vos repilo com todas as forças de minha alma e fecho o ouvido às vossas sugestões; mas peço para vós a misericórdia de Deus.

Bons Espíritos, que vos dignais me assistir, dai-me a força de resistir à influência dos maus Espíritos, e as luzes necessárias para não ser vítima de seus embustes. Preservai-me do orgulho e da presunção; afastai do meu coração o ciúme, o ódio, a malevolência e todo sentimento contrário à caridade, que são tantas outras portas abertas ao Espírito do mal.

PARA PEDIR A CORRIGENDA DE UM DEFEITO

18. PREFÁCIO. Nossos maus instintos são o resultado da imperfeição do nosso próprio Espírito, e não o nosso corpo; de outra forma o homem escaparia de toda espécie de responsabilidade. Nosso adiantamento depende de nós, porque todo homem que tem o gozo de suas faculdades, para todas as coisas, tem a liberdade de fazer ou não fazer; não lhe falta, para fazer o bem, senão a vontade. (Cap. XV, nº 10; cap. XIX, nº 12).

19. PRECE. Vós me destes, ó meu Deus, a inteligência necessária para distinguir o que é bem do que é mal; ora, do momento em que eu reconheço que uma coisa é má, sou culpado por não me esforçar em resistir a ela.

Preservai-me do orgulho, que poderia me impedir de aperceber-me dos meus defeitos, e dos maus Espíritos, que poderiam me excitar a neles perseverar.

Entre minhas imperfeições, reconheço que sou particularmente inclinado à... e se não resisto a esse arrastamento é pelo hábito que contraí de a ele ceder.

Não me criastes culpado, porque sois justo, mas com uma aptidão igual para o bem e para o mal; se sigo o mau caminho, é por efeito do meu livre-arbítrio. Mas, pela mesma razão que tenho a liberdade de fazer o mal, tenho a de fazer o bem; por conseguinte, tenho a de mudar de caminho.

Meus defeitos atuais são um resto das imperfeições que conservei das minhas precedentes existências; é o meu pecado original, do qual posso me desembaraçar com minha vontade e com a assistência dos bons Espíritos.

Bons Espíritos que me protegeis, e sobretudo vós, meu anjo guardião, dai-me a força de resistir às más sugestões, e de sair vitorioso da luta.

Os defeitos são as barreiras que nos separam de Deus, e cada defeito superado será um passo dado na senda do progresso, que dele me há de aproximar.

O Senhor, em sua infinita misericórdia, houve por bem conceder-me a existência atual, para que sirva ao meu adiantamento; bons Espíritos, ajudai-me a aproveitá-la, a fim de que não se torne perdida para mim, e que, quando a Deus aprouver ma retirar, eu dela saia melhor do que entrei. (Cap. V, nº 5; cap. XVII, nº 3).

PARA PEDIR A FORÇA DE RESISTIR A UMA TENTAÇÃO

20. PREFÁCIO. Todo mau pensamento pode ter duas fontes: a própria imperfeição da nossa alma, ou uma funesta influência que age sobre ela; neste último caso, é sempre o indício de uma fraqueza que nos torna propensos a receber essa influência, e, por conseguinte, de uma alma imperfeita; de tal sorte que,

aquele que faliu, não poderia invocar, para se desculpar, a influência de um Espírito estranho, uma vez que *esse Espírito não o teria solicitado ao mal se o considerasse inacessível à sedução.*

Quando um mau pensamento surge em nós, podemos, pois, supor um Espírito malévolo nos solicitando ao mal, e ao qual estamos inteiramente livres para ceder ou resistir, como se se tratasse das solicitações de uma pessoa viva. Devemos, ao mesmo tempo, imaginar o nosso anjo guardião, ou Espírito protetor, que, de sua parte, combate em nós a má influência, e espera com ansiedade a *decisão que vamos tomar.* Nossa hesitação em fazer o mal é a voz do bom Espírito que se faz ouvir pela consciência.

Reconhece-se que um pensamento é mau, quando ele se afasta da caridade, que é a base de toda a verdadeira moral; quando tem por princípio o orgulho, a vaidade ou o egoísmo; quando sua realização pode causar um prejuízo qualquer a outrem; quando, enfim, nos solicita a fazer aos outros o que não gostaríamos que nos fosse feito. (Cap. XXVIII, nº 15; cap. XV, nº 10).

21. PRECE. Deus Todo-Poderoso, não me deixeis sucumbir à tentação em que deva falir. Espíritos benevolentes, que me protegeis, desviai de mim esse mau pensamento, e dai-me a força de resistir à sugestão do mal. Se eu sucumbir, terei merecido a expiação de minha falta nesta vida e em outra, porque sou livre para escolher.

AÇÃO DE GRAÇAS PELA VITÓRIA OBTIDA SOBRE UMA TENTAÇÃO

22. PREFÁCIO. Aquele que resistiu a uma tentação, deve-o à assistência dos bons Espíritos, dos

quais escutou a voz. Deve agradecer a Deus e ao seu anjo guardião.

23. PRECE. Meu Deus, eu vos agradeço por me terdes permitido sair vitorioso da luta que venho de sustentar contra o mal; fazei com que essa vitória me dê a força de resistir a novas tentações.

E vós, meu anjo guardião, eu vos agradeço pela assistência que me destes. Possa minha submissão aos vossos conselhos merecer de novo a vossa proteção.

PARA PEDIR UM CONSELHO

24. PREFÁCIO. Quando estamos indecisos em fazer, ou não fazer uma coisa, devemos, antes de tudo, nos colocar as seguintes questões:

1º – A coisa que hesito em fazer pode causar um prejuízo qualquer a outrem?

2º – Ela pode ser útil a alguém?

3º – Se alguém a fizesse a mim, eu ficaria satisfeito?

Se a coisa não interessa senão a si, é permitido balancear a soma das vantagens e dos inconvenientes pessoais que podem dela resultar.

Se ela interessa a outrem, e fazendo o bem a um possa fazer o mal a outro, é preciso, igualmente, pesar a soma do bem e do mal, para se abster ou agir.

Enfim, mesmo para as melhores coisas, é preciso ainda considerar a oportunidade e as circunstâncias acessórias, porque uma coisa boa em si mesma pode ter maus resultados em mãos inábeis, se não é conduzida com prudência e circunspecção. Antes de empreendê-la, convém consultar as forças e os meios de execução.

Em todos os casos, pode-se sempre reclamar a assistência dos Espíritos protetores, lembrando-se desta sábia máxima: *Na dúvida, abstém-te.* (Cap. XXVIII, nº 38).

25. PRECE. Em nome de Deus Todo-Poderoso, bons Espíritos que me protegeis, inspirai-me a melhor resolução a tomar na incerteza em que estou. Dirigi meu pensamento para o bem, e desviai a influência daqueles que tentarem me desencaminhar.

NAS AFLIÇÕES DA VIDA

26. PREFÁCIO. Podemos pedir a Deus favores terrestres, e ele pode no-los conceder, quando têm uma finalidade útil e séria; mas, como julgamos a utilidade das coisas pelo nosso ponto de vista, e nossa visão é limitada ao presente, nem sempre vemos o lado mau daquilo que desejamos. Deus, que vê melhor do que nós, e não quer senão o nosso bem, pode, pois, nos recusar, como um pai recusa a seu filho o que poderia prejudicá-lo. Se o que pedimos não nos é concedido, nisso não devemos conceber nenhum desencorajamento; é preciso pensar, ao contrário, que a privação do que desejamos, nos é imposta como prova ou expiação, e que a nossa recompensa será proporcional à resignação com a qual a tivermos suportado. (Cap. XXVII, nº 6, cap. II, nº 5, 6 e 7).

27. PRECE. Deus Todo-Poderoso, que vedes as nossas misérias, dignai-vos escutar favoravelmente os votos que vos dirijo neste momento. Se o meu pedido for inconveniente, perdoai-mo; se for justo e útil aos vossos olhos, que os bons Espíritos, que executam vossas vontades, venham em minha ajuda para o seu cumprimento.

O que quer que me advenha, meu Deus, que a vossa vontade seja feita. Se meus desejos não são atendidos, é porque entra nos vossos desígnios experimentar-me, e eu me submeto sem murmurar. Fazei com que eu não conceba nisso nenhum desencorajamento, e que nem minha fé, nem minha resignação, sejam abaladas.

(Formular o pedido).

AÇÃO DE GRAÇAS POR UM FAVOR OBTIDO

28. PREFÁCIO. Não é preciso considerar apenas como acontecimentos felizes as coisas de grande importância; as menores em aparência são, frequentemente, as que influem mais sobre o nosso destino. O homem esquece facilmente o bem, e se lembra antes daquilo que o aflige. Se registrássemos, dia a dia, os benefícios dos quais somos objeto, sem os ter pedido, ficaríamos frequentemente espantados de os ter recebido tantos, que se apagaram da nossa memória, e humilhados com a nossa ingratidão.

Cada noite, elevando nossa alma a Deus, devemos lembrar-nos dos favores que ele nos concedeu, durante o dia, e agradecê-los. É sobretudo no próprio momento em que experimentamos os efeitos da sua bondade e da sua proteção que, por um movimento espontâneo, devemos lhe testemunhar a nossa gratidão; basta, para isso, um pensamento que lhe atribua o benefício, sem que seja necessário desviar-se do trabalho.

Os benefícios de Deus não consistem somente nas coisas materiais; é preciso igualmente agradecer-lhe as boas ideias, as inspirações felizes que nos são sugeridas. Enquanto o orgulhoso acha nelas um mérito, o incrédulo as atribui ao acaso, aquele que tem fé rende graças a Deus e aos bons Espíritos. Por isso, as longas frases são inúteis: *"Obrigado, meu Deus, pelo bom pensamento que me inspirou,"* diz mais do que muitas palavras. O impulso espontâneo que nos faz atribuir a Deus o que nos chega de bem, testemunha um hábito de reconhecimento e de humildade que nos atrai a simpatia dos bons Espíritos. (Cap. XXVII, nºs 7 e 8).

29. PRECE. Deus infinitamente bom, que o vosso nome seja bendito pelos benefícios que me concedestes; deles seria indigno se os atribuísse ao acaso dos acontecimentos ou ao meu próprio mérito.

Bons Espíritos, que fostes executores das vontades de Deus, e vós sobretudo, meu anjo guardião, eu vos agradeço. Desviai de mim o pensamento de nele conceber o orgulho, e deles fazer um uso que não fosse para o bem. Eu vos agradeço, notadamente por...

ATO DE SUBMISSÃO E DE RESIGNAÇÃO

30. PREFÁCIO. Quando um motivo de aflição nos atinge, se lhe procuramos a causa, acharemos, frequentemente, que é a consequência de nossa imprudência, de nossa imprevidência ou de uma ação anterior; nesse caso, não devemos atribuí-lo senão a nós mesmos. Se a causa de uma infelicidade é independente de toda participação que seja nossa, é ela uma prova para esta vida, ou a expiação de uma existência passada, e, neste último caso, a natureza da expiação pode nos fazer conhecer a natureza da falta, porque somos sempre punidos naquilo em que pecamos. (Cap. V, nºs 4, 6 e seguintes).

No que nos aflige, não vemos, em geral, senão o mal presente, e não as consequências ulteriores favoráveis que isso pode ter. O bem, frequentemente, é a consequência de um mal passageiro, como a cura de uma doença é o resultado dos meios dolorosos que se empregam para obtê-la. Em todos os casos, devemos nos submeter à vontade de Deus, suportar com coragem as tribulações da vida, se quisermos que nos sejam tidas em conta, e que estas palavras do Cristo nos sejam aplicadas: Bem-aventurados aqueles que sofrem. (Cap. V, nº 18).

31. PRECE. Meu Deus, sois soberanamente justo; todo sofrimento neste mundo deve ter, pois, sua causa e sua utilidade. Aceito o motivo de aflição, que venho de experimentar, como uma expiação das minhas faltas passadas e uma prova para o futuro.

Bons Espíritos que me protegeis, dai-me a força de suportá-lo sem lamentação; fazei com que seja para mim uma advertência salutar; que aumente a minha experiência; que combata em mim o orgulho, a ambição, a tola vaidade e o egoísmo, e que ele contribua, assim, para o meu adiantamento.

32. (Outra). Eu sinto, meu Deus, a necessidade de vos rogar dar-me a força para suportar as provas que vos aprouve me enviar. Permiti que a luz se faça bastante viva em meu espírito, para que eu aprecie toda a extensão de um amor que me aflige por querer me salvar. Eu me submeto com resignação, ó meu Deus; mas, ai de mim! a criatura é tão fraca que, se vós não me sustentais, temo sucumbir. Não me abandoneis, Senhor, porque sem vós não sou nada.

33. (Outra). Elevei meu olhar para ti, ó Eterno, e me senti fortalecido. Tu és a minha força, não me abandones; ó Deus! Estou esmagado sob o peso das minhas iniquidades! Ajuda-me; tu conheces a fraqueza de minha carne, e não desvias teu olhar de sobre mim!

Estou devorado por uma sede ardente; fazei jorrar a fonte de água viva, e me dessedentarei. Que a minha boca não se abra senão para cantar teus louvores e não para murmurar nas aflições da minha vida. Sou fraco, Senhor, mas o teu amor me sustentará.

Ó Eterno, só tu és grande, só tu és o fim e

o objetivo da minha vida! Teu nome seja bendito, se me feres, porque és o Senhor e eu o servidor infiel; curvarei minha fronte sem me lamentar, porque tu és grande, só tu és a meta.

NUM PERIGO IMINENTE

34. PREFÁCIO. Pelos perigos que corremos, Deus nos lembra a nossa fraqueza e a fragilidade da nossa existência. Ele nos mostra que a nossa vida está em suas mãos, e que a sustenta por um fio que pode se partir no momento em que nós menos esperamos. Sob esse aspecto, não há privilégio para ninguém, porque o grande e o pequeno estão submetidos às mesmas alternativas.

Se se examinar a natureza e as consequências do perigo, ver-se-á que, o mais frequentemente, essas consequências, se houvessem ocorrido, teriam sido a punição de uma falta cometida, ou *de um dever negligenciado*.

35. PRECE. Deus Todo-Poderoso, e vós meu anjo guardião, socorrei-me! Se devo sucumbir, que a vontade de Deus seja feita. Se eu for salvo, que o resto da minha vida repare o mal que pude fazer e do qual me arrependo.

AÇÃO DE GRAÇAS DEPOIS DE TER ESCAPADO DE UM PERIGO

36. PREFÁCIO. Pelos perigos que corremos, Deus nos mostra que podemos, de um momento para outro, ser chamados a prestar contas do emprego que fizemos da vida; ele nos adverte assim para nos concentrarmos e nos emendarmos.

37. PRECE. Meu Deus, e vós meu anjo guardião, eu vos agradeço pelo socorro que me enviastes

no perigo que me ameaçou. Que esse perigo seja para mim uma advertência, e que ele me esclareça sobre as faltas que puderam mo atrair. Compreendo, Senhor, que a minha vida está em vossas mãos, e que podeis ma retirar quando vos aprouver. Inspirai-me, pelos bons Espíritos que me assistem, o pensamento de empregar utilmente o tempo que me concedeis ainda neste mundo.

Meu anjo guardião, sustentai-me na resolução que tomo de reparar os meus erros e de fazer todo o bem que estiver em meu poder, a fim de chegar menos carregado de imperfeições no mundo dos Espíritos, quando aprouver a Deus me chamar.

NO MOMENTO DE DORMIR

38. PREFÁCIO. O sono é o repouso do corpo, mas o Espírito não tem necessidade de repouso. Enquanto os sentidos estão entorpecidos, a alma se liberta em parte da matéria e goza das suas faculdades de Espírito. O sono foi dado ao homem para a reparação das forças orgânicas e para a reparação das forças morais. Enquanto o corpo recupera os elementos que perdeu pela atividade da vigília, o Espírito vai se retemperar entre os outros Espíritos; ele haure no que vê, no que ouve, e nos conselhos que lhe são dados, ideias que reencontra, ao despertar, em estado de intuição; é o retorno temporário do exilado à sua verdadeira pátria; é o prisioneiro momentaneamente libertado.

Mas ocorre, como para o prisioneiro perverso, que o Espírito nem sempre aproveita esse momento de liberdade para o seu adiantamento; se ele tem maus instintos, em lugar de procurar a companhia dos bons Espíritos, procura a dos seus iguais e vai visitar os lugares onde pode dar livre curso às suas tendências.

Aquele que está compenetrado desta verdade

eleve o seu pensamento no momento em que sentir a aproximação do sono; faça apelo aos conselhos dos bons Espíritos e daqueles cuja memória lhe é cara, a fim de que venham se reunir a ele, no curto intervalo que lhe é concedido, e ao despertar se sentirá mais forte contra o mal, mais corajoso contra a adversidade.

39. PRECE. Minha alma vai se encontrar por um instante com os outros Espíritos. Que aqueles que são bons venham me ajudar com os seus conselhos. Meu anjo guardião, fazei com que, ao despertar, eu conserve deles uma impressão durável e salutar.

NA PREVISÃO DA MORTE PRÓXIMA

40. PREFÁCIO. A fé no futuro, a elevação de pensamento, durante a vida, com vistas à destinação futura, ajudam o pronto desligamento do Espírito, em se enfraquecendo os laços que o retêm no corpo e, frequentemente, a vida corporal ainda não se extinguiu e a alma, impaciente, já empreendeu seu voo para a imensidade. No homem, ao contrário, que concentra todos os seus pensamentos nas coisas materiais, esses laços são mais tenazes, *a separação é mais penosa e dolorosa,* e o despertar no além-túmulo é cheio de perturbação e ansiedade.

41. PRECE. Meu Deus, eu creio em vós e na vossa bondade infinita; por isso, não posso crer que destes ao homem a inteligência para vos conhecer e a aspiração do futuro a fim de mergulhá-lo no nada.

Creio que meu corpo não é senão o envoltório perecível da minha alma, e que, quando tiver cessado de viver, despertarei no mundo dos Espíritos.

Deus Todo-Poderoso, sinto se partirem os laços que unem minha alma ao meu corpo, e logo vou ter de prestar contas do emprego da vida que deixo.

Vou suportar as consequências do bem e do mal que fiz; lá não há mais ilusão, nem mais subterfúgio possível; todo o meu passado vai se desenrolar diante de mim, e serei julgado segundo as minhas obras.

Não levarei nada dos bens da Terra; honrarias, riquezas, satisfação da vaidade e do orgulho, tudo o que se prende ao corpo, enfim, vai ficar neste mundo; a menor parcela não me seguirá, e nada de tudo isso me será o menor socorro no mundo dos Espíritos. Não levarei comigo senão o que se prende à minha alma, quer dizer, as boas e as más qualidades, que serão pesadas na balança de uma rigorosa justiça, e serei julgado com tanto mais severidade quanto minha posição na Terra me tenha dado mais ocasião de fazer o bem que não fiz. (Cap. XVI, nº 9).

Deus de misericórdia, que meu arrependimento chegue até vós. Dignai-vos estender sobre mim a vossa indulgência.

Se vos apraz prolongar a minha existência, que o resto seja empregado em reparar, tanto quanto estiver em mim, o mal que pude fazer. Se minha hora soou para sempre, carrego o pensamento consolador de que me será permitido remir-me por novas provas, a fim de merecer, um dia, a felicidade dos eleitos.

Se não me é dado gozar imediatamente dessa felicidade sem mácula, que não cabe senão ao justo por excelência, sei que a esperança não me está interditada para sempre, e que, com o trabalho, atingirei o objetivo, mais cedo ou mais tarde, segundo os meus esforços.

Sei que os bons Espíritos, e meu anjo guardião, estão perto de mim, para me receberem; dentro em pouco, os verei como eles me veem. Sei que encontrarei aqueles que amei sobre a Terra, *se o tiver merecido,* e que aqueles que aqui deixo virão me reencontrar para estarmos, um dia, reunidos para sempre, e que, até lá, poderei vir visitá-los.

Sei também que vou reencontrar aqueles a quem ofendi; possam eles me perdoar pelo que têm a me censurar: meu orgulho, minha dureza, minhas injustiças, e não me cobrir de vergonha pela sua presença!

Perdoo aos que me fizeram ou quiseram mal na Terra; não carrego nenhum ódio contra eles, e peço a Deus que os perdoe.

Senhor, dai-me a força de deixar sem pesar as alegrias grosseiras deste mundo, que não são nada perto das alegrias puras do mundo em que vou entrar. Nele, para o justo, não há mais tormentos, sofrimentos, misérias; só o culpado sofre, mas lhe resta a esperança.

Bons Espíritos, e vós, meu anjo guardião, não me deixeis falhar neste momento supremo: fazei luzir aos meus olhos a luz divina, a fim de reanimar a minha fé, se ela vier a se abalar.

Nota. – Ver adiante, parágrafo V: Preces pelos doentes e pelos obsediados.

III - PRECES PELOS OUTROS

POR ALGUÉM QUE ESTEJA EM AFLIÇÃO

42. PREFÁCIO (*): Se é do interesse do aflito que sua prova siga o seu curso, ela não será abreviada pelo nosso pedido; mas seria ato de impiedade desencorajar-se porque o pedido não foi atendido; aliás, na falta de cessação da prova, pode-se esperar obter qualquer outra consolação que modere a sua amargura. O

(*) No original, falta a palavra **prefácio.** (N. do T.).

que é verdadeiramente útil para aquele que sofre é a coragem e a resignação, sem as quais o que suporta é sem proveito para ele, porque será obrigado a recomeçar a prova. É, pois, para essa finalidade que é preciso, sobretudo, dirigir seus esforços, seja em apelando aos bons Espíritos em sua ajuda, seja em reerguendo por si mesmo o moral do aflito por conselhos e encorajamentos, seja, enfim, em o assistindo materialmente, se for possível. A prece, neste caso, pode, por outro lado, ter um efeito direto, dirigindo sobre a pessoa uma corrente fluídica para fortalecer seu moral. (Cap. V, nºs 5 e 27; cap. XXVII, nºs 6 e 10).

43. PRECE. Meu Deus, cuja bondade é infinita, dignai-vos abrandar a amargura da posição de N..., se isso for da vossa vontade.

Bons Espíritos, em nome de Deus Todo-Poderoso, eu vos suplico assisti-lo em suas aflições. Se, no seu interesse, elas não podem lhe ser poupadas, fazei-o compreender que são necessárias ao seu adiantamento. Dai-lhe a confiança em Deus e no futuro, que as tornará menos amargas. Dai-lhe também a força de não sucumbir ao desespero, que lhe faria perder seu fruto, e tornaria sua posição futura ainda mais penosa. Conduzi meu pensamento até ele, e que ajude a sustentar a sua coragem.

AÇÃO DE GRAÇAS POR UM BENEFÍCIO CONCEDIDO A OUTREM

44. PREFÁCIO. Aquele que não está dominado pelo egoísmo se rejubila com o bem que chega a seu próximo, mesmo quando não o tenha solicitado pela prece.

45. PRECE. Meu Deus, sede bendito pela felicidade que chegou para N...

Bons Espíritos, fazei com que ele veja nela um

efeito da bondade de Deus. Se o bem que lhe chega é uma prova, inspirai-lhe o pensamento de fazer dele bom uso, e de não se envaidecer, a fim de que esse bem não resulte em seu prejuízo para o futuro.

Vós, meu bom gênio, que me protegeis e desejais a minha felicidade, afastai do meu pensamento todo sentimento de inveja e de ciúme.

POR NOSSOS INIMIGOS E PELOS QUE NOS QUEREM MAL

46. PREFÁCIO. Jesus disse: *Amai mesmo os vossos inimigos*. Esta máxima é o sublime da caridade cristã; mas, com ela, Jesus não quer dizer que devemos ter para com os nossos inimigos a ternura que temos para com os nossos amigos; ele nos disse, com essas palavras, para esquecer suas ofensas, perdoar o mal que nos fazem, pagar o mal com o bem. Além do mérito que isso resulta aos olhos de Deus, mostra aos olhos dos homens a verdadeira superioridade. (Cap. XII, nºs 3 e 4).

47. PRECE. Meu Deus, perdoo a N... o mal que me fez e o que quis me fazer, como desejo que me perdoeis, e que ele também me perdoe as injustiças que eu possa ter cometido. Se o colocastes no meu caminho como uma prova, que seja feita a vossa vontade.

Desviai de mim, meu Deus, a ideia de maldizê-lo, e todo desejo malévolo contra ele. Fazei com que eu não experimente nenhuma alegria com as infelicidades que poderiam lhe chegar, nem nenhuma inquietação com os bens que poderiam lhe ser concedidos, a fim de não enlamear minha alma com pensamentos indignos de um cristão.

Possa a vossa bondade, Senhor, em se estendendo sobre ele, conduzi-lo aos melhores sentimentos para comigo.

Bons Espíritos, inspirai-me o esquecimento do mal e a lembrança do bem. Que nem o ódio, nem o rancor, nem o desejo de lhe retribuir o mal com o mal entrem em meu coração, porque o ódio e a vingança não pertencem senão aos maus Espíritos, encarnados e desencarnados. Que eu esteja pronto, ao contrário, em lhe estender mão fraterna, a lhe retribuir o mal com o bem, e vir em sua ajuda se isso estiver em meu poder.

Desejo, para provar a sinceridade de minhas palavras, que me seja oferecida ocasião de lhe ser útil; mas sobretudo, meu Deus, preservai-me de fazê-lo por orgulho ou ostentação, em o oprimindo por uma generosidade humilhante, o que me faria perder o fruto da minha ação, porque então eu mereceria que estas palavras do Cristo me fossem aplicadas: *Já recebestes vossa recompensa.* (Cap. XIII, nºs 1 e seguintes).

AÇÃO DE GRAÇAS PELO BEM CONCEDIDO AOS NOSSOS INIMIGOS

48. PREFÁCIO. Não desejar o mal aos inimigos é não ser caridoso senão pela metade; a verdadeira caridade quer que lhes desejemos o bem, e que estejamos felizes com o bem que lhes chega. (Cap. XII, nºs 7 e 8).

49. PRECE. Meu Deus, em vossa justiça, entendestes dever alegrar o coração de N... Eu vo-lo agradeço por ele, malgrado o mal que me fez ou que procura me fazer. Se dele se aproveitasse para me humilhar, eu o aceitaria como uma prova para a minha caridade.

Bons Espíritos, que me protegeis, não permitais que eu conceba nisso nenhum pesar; desviai de mim a inveja e o ciúme que rebaixam; inspirai-me, ao contrário, a generosidade que eleva. A humilhação está no mal, e não no bem, e sabemos que, cedo ou tarde, justiça será feita a cada um segundo as suas obras.

PELOS INIMIGOS DO ESPIRITISMO

50. *Bem-aventurados os que estão famintos de justiça, porque serão saciados.*

Bem-aventurados os que sofrem perseguição pela justiça, porque deles é o reino dos céus.

Felizes sereis quando os homens vos carregarem de maldições, e vos perseguirem e disserem falsamente toda espécie de mal contra vós por causa de mim. Rejubilai-vos então, porque uma grande recompensa vos está reservada nos céus, porque foi assim que perseguiram os profetas que foram antes de vós. (São Mateus, cap. V, v. 6, 10, 11 e 12).

Não temais aqueles que matam o corpo e que não podem matar a alma; mas temei antes aquele que pode perder a alma e o corpo no inferno. (São Mateus, cap. X, v. 28).

51. PREFÁCIO. De todas as liberdades, a mais inviolável é a de pensar, que compreende também a liberdade de consciência. Lançar o anátema sobre aqueles que não pensam como nós é reclamar essa liberdade para si e recusá-la aos outros, é violar o primeiro mandamento de Jesus: a caridade e o amor ao próximo. Persegui-los pela sua crença, é atentar contra o direito mais sagrado que todo homem tem de crer no que lhe convém, e adorar a Deus como o entende. Constrangê-lo a atos exteriores semelhantes aos nossos, é mostrar que se prende mais à forma do que ao fundo, às aparências mais do que à convicção. A abjuração

forçada, jamais deu a fé: ela não pode fazer senão hipócritas; é um abuso da força material que não prova a verdade; *a verdade está segura de si mesma; convence e não persegue, porque disso não tem necessidade.*

O Espiritismo é uma opinião, uma crença; fosse mesmo uma religião, por que não se teria a liberdade de se dizer espírita como se tem a de se dizer católico, judeu ou protestante, partidário desta ou daquela doutrina filosófica, deste ou daquele sistema econômico? Essa crença é falsa ou é verdadeira; se é falsa, cairá por si mesma, porque o erro não pode prevalecer contra a verdade, quando a luz se faz nas inteligências; se é verdadeira, a perseguição não a tornará falsa.

A perseguição é o batismo de toda ideia nova, grande e justa; ela cresce com a grandeza e a importância da ideia. A animosidade e a cólera dos inimigos da ideia está em razão do medo que ela lhes inspira. Foi por essa razão que o Cristianismo foi perseguido outrora e o Espiritismo o é hoje, com a diferença, todavia, de que o Cristianismo o foi pelos Pagãos, ao passo que o Espiritismo o é pelos Cristãos. O tempo das perseguições sangrentas passou, é verdade, mas, se não se mata mais o corpo, tortura-se a alma; é atacada até em seus sentimentos mais íntimos, em suas afeições mais caras; dividem-se as famílias, excita-se a mãe contra a filha, a mulher contra o marido; ataca-se mesmo o corpo em suas necessidades materiais, tirando-lhes seu ganha-pão para tomá-lo pela fome. (Cap. XXIII, n°s 9 e seguintes).

Espíritas, não vos aflijais com os golpes que vos dão, porque eles provam que estais na verdade; não fora isso, vos deixariam tranquilos, e não vos feririam. É uma prova para a vossa fé, porque será pela vossa coragem, pela vossa resignação, pela vossa perseverança, que Deus vos reconhecerá entre seus fiéis servidores, dos quais faz hoje a enumeração para dar a cada um a parte que lhe toca, segundo as suas obras.

A exemplo dos primeiros Cristãos, sede, pois, orgulhosos em carregar a vossa cruz. Crede na palavra do Cristo, que disse: "Bem-aventurados aqueles que sofrem perseguição pela justiça, porque é deles o reino dos céus. Não temais aqueles que matam o corpo, mas não podem matar a alma." Ele disse também: "Amai os vossos inimigos, fazei o bem àqueles que vos fazem mal, e orai por aqueles que vos perseguem". Mostrai que sois seus verdadeiros discípulos e que a vossa doutrina é boa em fazendo o que ele disse e o que ele mesmo fez.

A perseguição não terá senão uma época; esperai, pois, pacientemente o levantar da aurora, porque já a estrela da manhã se mostra no horizonte. (Cap. XXIV, nºs 13 e seguintes).

52. PRECE. Senhor, vós nos dissestes, pela boca de Jesus, o vosso Messias: "Bem-aventurados aqueles que sofrem perseguição pela justiça; perdoai aos vossos inimigos; orai por aqueles que vos perseguem"; e ele mesmo nos mostrou o caminho, orando por seus algozes.

A seu exemplo, meu Deus, imploramos a vossa misericórdia para aqueles que desconhecem os vossos divinos preceitos, os únicos que podem assegurar a paz neste mundo e no outro. Como Cristo, nós vos dizemos: "Perdoai-lhes, meu Pai, porque eles não sabem o que fazem."

Dai-nos a força de suportar, com paciência e resignação, como provas para a nossa fé e a nossa humildade, suas zombarias, suas injúrias, suas calúnias e suas perseguições; desviai-nos de todo pensamento de represálias, porque a hora da vossa justiça soará para todos, e nós a esperamos, submetendo-nos à vossa santa vontade.

POR UMA CRIANÇA QUE ACABA DE NASCER

53. PREFÁCIO. Os Espíritos não chegam à perfeição senão depois de terem passado pelas provas da vida corporal; os que são errantes esperam que Deus lhes permita retomar uma existência que deve fornecer-lhes um meio de adiantamento, seja pela expiação de suas faltas passadas por meio das vicissitudes às quais são submetidos, seja cumprindo uma missão útil à Humanidade. Seu adiantamento e sua felicidade futura serão proporcionais à maneira pela qual terão empregado o tempo que devem passar na Terra. O encargo de guiar seus primeiros passos, e de os dirigir para o bem, está confiado aos seus pais, que responderão, diante de Deus, pela maneira com que terão cumprido o seu mandato. Foi para facilitar-lhes a execução, que Deus fez do amor paternal e do amor filial uma lei da Natureza, lei que jamais é violada impunemente.

54. PRECE. (Para os pais). Espírito que está encarnando no corpo do nosso filho, seja bem-vindo entre nós. Deus Todo-Poderoso, que o enviastes, sede bendito.

É um depósito que nos está confiado e do qual deveremos prestar contas um dia. Se ele pertence à nova geração de bons Espíritos que devem povoar a Terra, obrigado, meu Deus, por esse favor! Se é uma alma imperfeita, nosso dever é ajudá-la a progredir no caminho do bem, pelos nossos conselhos e pelos nossos bons exemplos; se cair no mal por nossa causa, por isso responderemos diante de vós, porque não teremos cumprido a nossa missão para com ele.

Senhor, sustentai-nos na nossa tarefa e dai-nos a força e a vontade de cumpri-la. Se esta criança deve ser um motivo de provas para nós, que seja feita a vossa vontade!

Bons Espíritos que viestes presidir ao seu nascimento, e que deveis acompanhá-lo durante a vida, não o abandoneis. Afastai dele os maus Espíritos que tentarem induzi-lo ao mal; dai-lhe a força para resistir às suas sugestões, e a coragem de suportar, com paciência e resignação, as provas que o esperam na Terra. (Cap. XIV, nº 9).

55. *(Outra)*. Meu Deus, me confiastes a sorte de um de vossos Espíritos; fazei, Senhor, com que eu seja digno da tarefa que me foi imposta; concedei-me a vossa proteção; aclarai a minha inteligência, a fim de que eu possa discernir cedo as tendências daquele que devo preparar para entrar na vossa paz.

56. *(Outra)*. Deus de bondade, uma vez que te aprouve permitir ao Espírito desta criança vir de novo suportar as provas terrenas, destinadas a fazê-lo progredir, concede-lhe a luz, a fim de que aprenda a te conhecer, a te amar e a te adorar. Faze, pela tua onipotência, que esta alma se regenere no manancial das tuas divinas instruções; que, sob a égide de seu anjo guardião, a sua inteligência cresça, se desenvolva e o faça aspirar a se aproximar, cada vez mais, de ti; que a ciência do Espiritismo seja a brilhante luz que o clareie através dos escolhos da vida; que ele saiba, enfim, apreciar toda a extensão de teu amor, que nos experimenta para nos purificar.

Senhor, lança um olhar paternal sobre a família à qual confiaste esta alma; possa ela compreender a importância da sua missão, e fazer germinar nesta criança as boas sementes, até o dia em que poderá, por suas próprias aspirações, elevar-se sozinha para ti.

Digna-te, meu Deus, atender esta humilde prece em nome e pelos méritos d'Aquele que disse: "Deixai vir a mim as criancinhas, porque o reino dos céus é para aqueles que se lhes assemelham."

POR UM AGONIZANTE

57. PREFÁCIO. A agonia é o prelúdio da separação da alma e do corpo; pode-se dizer que, nesse momento, o homem não tem mais que um pé neste mundo, e que já tem um no outro. Essa passagem é algumas vezes penosa para aqueles que se prendem à matéria e viveram mais para os bens deste mundo do que para os do outro, ou cuja consciência está agitada pelos desgostos e pelos remorsos; para aqueles, ao contrário, cujos pensamentos estão elevados ao Infinito, e estão desprendidos da matéria, os laços são menos difíceis de romper, e os últimos momentos não têm nada de doloroso; a alma, então, não se prende ao corpo senão por um fio, enquanto que, na outra posição, a ele se prende por profundas raízes; em todos os casos, a prece exerce uma ação poderosa sobre o trabalho da separação. (Ver adiante: Preces pelos doentes. *O Céu e o Inferno*, 2ª parte, cap. I, *A passagem*).

58. PRECE. Deus poderoso e misericordioso, eis uma alma que deixa o seu envoltório terrestre para retornar ao mundo dos Espíritos, a sua verdadeira pátria; possa nele entrar em paz, e a vossa misericórdia se estender sobre ela.

Bons Espíritos, que a acompanhastes na Terra, não a abandoneis nesse momento supremo; dai-lhe a força de suportar os últimos sofrimentos que deve experimentar neste mundo para o seu adiantamento futuro; inspirai-a para que ela consagre ao arrependimento das suas faltas os últimos clarões de inteligência que lhe restam, ou que possam momentaneamente lhe retornar.

Dirigi meu pensamento, a fim de que a sua ação torne menos penoso o trabalho da separação, e que ela leve consigo, no momento de deixar a Terra, as consolações da esperança.

IV - PRECES POR AQUELES QUE NÃO ESTÃO MAIS NA TERRA

POR ALGUÉM QUE ACABA DE MORRER

59. PREFÁCIO. As preces pelos Espíritos que acabam de deixar a Terra não têm somente a finalidade de lhes dar um testemunho de simpatia, mas têm ainda por efeito ajudar o seu desligamento e, com isso, abreviar a perturbação que segue sempre a separação, e tornar o despertar mais calmo. Mas aí ainda, como em outra circunstância, a eficácia está na sinceridade do pensamento, e não na abundância de palavras ditas com mais ou menos pompa, e nas quais frequentemente, o coração não toma parte.

As preces que partem do coração ressoam em torno do Espírito, cujas ideias são ainda confusas, como as vozes amigas que vêm nos tirar do sono. (Cap. XXVII, nº 10).

60. PRECE. Deus Todo-Poderoso, que a vossa misericórdia se estenda sobre a alma de N... que vindes de chamar para vós. Possam as provas que ele (ou ela) suportou na Terra lhe serem contadas, e as nossas preces abrandar e abreviar as penas que pode ainda experimentar como Espírito!

Bons Espíritos, que viestes recebê-lo, e vós sobretudo seu anjo guardião, assisti-o para ajudá-lo a se despojar da matéria; dai-lhe a luz e a consciência de si mesmo, a fim de tirá-lo da perturbação que acompanha a passagem da vida corporal para a vida espiritual. Inspirai-lhe o arrependimento das faltas que pôde cometer, e o desejo que lhe seja permitido repará-las para apressar o seu adiantamento para a vida eterna feliz.

N..., vindes de reentrar no mundo dos Espíritos, e entretanto estais aqui presente entre nós; vede-

-nos e nos ouvis, porque não há de menos entre nós e vós senão o corpo perecível que vindes de deixar e que logo será reduzido a pó.

Deixastes o grosseiro envoltório sujeito às vicissitudes e à morte, e não conservastes senão o envoltório etéreo, imperecível e inacessível aos sofrimentos. Se não viveis mais pelo corpo, viveis da vida dos Espíritos, e essa vida é isenta das misérias que afligem a Humanidade.

Não tendes mais o véu que oculta aos nossos olhos os esplendores da vida futura; podeis, de hoje em diante, contemplar novas maravilhas, ao passo que nós estamos ainda mergulhados nas trevas.

Ides percorrer o espaço e visitar os mundos em inteira liberdade, ao passo que nós rastejamos penosamente sobre a Terra, onde nos retém nosso corpo material, semelhante para nós a um pesado fardo.

O horizonte do infinito vai se desenrolar diante de vós, e, em presença de tanta grandeza, compreendereis a vaidade dos nossos desejos terrestres, das nossas ambições mundanas e das alegrias fúteis das quais os homens fazem as suas delícias.

A morte não é, entre os homens, senão uma separação material de alguns instantes. Do lugar de exílio, onde nos retém ainda a vontade de Deus, assim como os deveres que temos a cumprir neste mundo, nós vos seguiremos pelo pensamento até o momento em que nos será permitido nos reunirmos a vós, como estais reunido com aqueles que vos precederam.

Se não podemos ir perto de vós, podeis vir perto de nós. Vinde, pois, entre aqueles que vos amam e que amastes; sustentai-os nas provas da vida; velai sobre aqueles que vos são caros; protegei-os segundo o vosso poder, e abrandai seus pesares pelo pensamento de que estais mais feliz agora, e a consoladora certeza de estarem um dia reunidos a vós num mundo melhor.

No mundo em que estais, todos os ressentimentos terrestres devem se extinguir. Para vossa felicidade futura, de hoje em diante, que possais a eles ser inacessível. Perdoai, pois, àqueles que procederam mal para convosco, como vos perdoam os que podeis ter procedido mal para com eles.

Nota. Podem-se ajuntar a esta prece, que se aplica a todos, algumas palavras especiais, segundo as circunstâncias particulares de família ou de relações e a posição do falecido. Se se trata de uma criança, o Espiritismo nos ensina que não é um Espírito de criação recente, mas que já viveu e pode estar muito avançado. Se a sua última existência foi curta, é que ela não era senão um complemento de prova, ou devia ser uma prova para os pais. (Cap. V, nº 21).

61. *(Outra)*. (1) Senhor Todo-Poderoso, que a vossa misericórdia se estenda sobre os nossos irmãos que vêm de deixar a Terra. Que a vossa luz brilhe aos seus olhos. Afastai-os das trevas; abri seus olhos e seus ouvidos. Que os vossos bons Espíritos os envolvam e lhes façam ouvir palavras de paz e de esperança.

Senhor, por indignos que sejamos, ousamos implorar a vossa misericordiosa indulgência em favor daquele dos nossos irmãos que vem de ser chamado do exílio; fazei com que seu retorno seja o do filho pródigo. Olvidai, meu Deus, as faltas que ele pôde cometer para vos lembrar do bem que pôde fazer. A vossa justiça é imutável, nós o sabemos, mas o vosso amor é imenso; nós vos suplicamos abrandar a vossa justiça por essa fonte de bondade que provém de vós.

---

(1) Esta prece foi ditada a um médium de Bordéus, no momento em que passava, diante de suas janelas, o enterro de um desconhecido.

Que a luz se faça para vós, meu irmão, que vindes de deixar a Terra. Que os bons Espíritos do Senhor desçam até vós, vos envolvam e vos ajudem a sacudir as vossas cadeias terrestres. Compreendei e vede a grandeza de nosso Senhor; submetei-vos sem murmurar à sua justiça, mas não desespereis jamais da sua misericórdia. Irmão! Que um sério retorno no vosso passado vos abra as portas do futuro em vos fazendo compreender as faltas que deixastes atrás de vós, e o trabalho que vos resta fazer para repará-las. Que Deus vos perdoe, e que os bons Espíritos vos sustentem e vos encorajem. Vossos irmãos na Terra orarão por vós, e vos pedem orar por eles.

PELAS PESSOAS A QUEM TIVEMOS AFEIÇÃO

62. PREFÁCIO. Como é horrível a ideia do nada. Quanto se deve lamentar aqueles que creem que a voz do amigo que chora seu amigo se perde no vazio e não encontra nenhum eco para lhe responder. Jamais conheceram as puras e santas afeições, aqueles que pensam que tudo morre com o corpo; que o gênio que iluminou o mundo com a sua vasta inteligência é um jogo da matéria que se extingue para sempre, como um sopro; que do ser mais querido, de um pai, de uma mãe ou de um filho adorado, não resta senão um pouco de pó que o tempo dissipa para sempre.

Como um homem de coração pode permanecer frio a esse pensamento? Como a ideia de um aniquilamento absoluto não lhe gela de pavor e não lhe faz ao menos desejar que não seja assim? Se até esse dia sua razão não bastou para tirar as suas dúvidas, eis que o Espiritismo vem dissipar toda a incerteza sobre o futuro pelas provas materiais que dá da sobrevivência da alma e da existência dos seres de além-túmulo. Por isso, por toda parte, essas provas são acolhidas com alegria; a confiança renasce, porque o homem sabe, de hoje em diante, que a vida terrestre não é senão uma curta passagem que conduz a uma vida melhor; que seus trabalhos deste mundo não estão perdidos para ele, e que as suas mais santas afeições não estão esfaceladas sem esperança. (Cap. IV, nº 18; cap. V, nº 21).

63. PRECE. Dignai-vos, meu Deus, acolher favoravelmente a prece que vos dirijo pelo Espírito de N...; fazei-lhe entrever as vossas divinas claridades, e tornai-lhe fácil o caminho da felicidade eterna. Permiti que os bons Espíritos levem a ele as minhas palavras e o meu pensamento.

Tu que me eras caro neste mundo, ouve minha voz que te chama para te dar um novo testemunho da minha afeição. Deus permitiu que fosses libertado primeiro; eu não poderia me lamentar com isso sem egoísmo, porque seria estar aflito por não ter mais para ti as penas e os sofrimentos da vida. Espero, pois, com resignação, o momento da nossa união no mundo mais feliz, no qual me precedeste.

Eu sei que a nossa separação não é senão momentânea, e que, tão longa que me possa parecer, a sua duração se apaga diante da eternidade da felicidade que Deus promete aos seus eleitos. Que a sua bondade me preserve de nada fazer que possa retardar esse instante desejado, e que me poupe assim a dor de não te reencontrar ao sair do meu cativeiro terreno.

Oh! como é doce e consoladora a certeza de que não há entre nós senão um véu material que te oculta à minha visão! Que tu possas estar aqui, ao meu lado, me ver e me ouvir como antigamente, e melhor ainda do que antigamente; que não me olvideis mais, e que eu mesmo não te olvide; que os nossos pensamentos não cessem de se confundir, e que o teu me siga e me sustente sempre.

Que a paz do Senhor seja contigo.

PELAS ALMAS SOFREDORAS QUE PEDEM PRECES

64. PREFÁCIO. Para compreender o alívio que a prece pode proporcionar aos Espíritos sofredores, é preciso se informar quanto ao seu modo de ação que está atrás explicado. (Cap. XXVII, nºs 9, 18 e seguintes). Aquele que está compenetrado dessa verdade ora com mais fervor, pela certeza de não orar em vão.

65. PRECE. Deus clemente e misericordioso, que a vossa bondade se estenda sobre todos os Espíritos que se recomendam às nossas preces, notadamente sobre a alma de N...

Bons Espíritos, para os quais o bem é a única ocupação, intercedei comigo pelo seu alívio. Fazei brilhar, aos seus olhos, um raio de esperança, e que a divina luz os esclareça sobre as imperfeições que os afastam da morada dos felizes. Abri seu coração ao arrependimento e ao desejo de se depurar para apressar o seu adiantamento. Fazei-os compreender que, pelos seus esforços, eles podem abreviar o tempo das suas provas.

Que Deus, em sua bondade, lhes dê a força de perseverar em suas boas resoluções!

Possam estas palavras benevolentes abrandar as suas penas, em lhes mostrando que há, na Terra, seres que sabem deles se compadecer e que desejam a sua felicidade.

66. (Outra). Nós vos pedimos, Senhor, derramar, sobre todos aqueles que sofrem, seja no espaço como Espíritos errantes, seja entre nós como Espíritos encarnados, as graças do vosso amor e da vossa misericórdia. Apiedai-vos das nossas fraquezas. Falíveis nos fizestes, mas nos destes a força de resistir ao mal e vencê-lo. Que a vossa misericórdia se estenda sobre todos aqueles que não puderam resistir aos seus maus

pendores, e estão ainda arrastados para um mau caminho. Que vossos bons Espíritos os envolvam; que a vossa luz brilhe aos seus olhos, e que, atraídos pelo seu calor vivificante, eles venham se prosternar aos vossos pés, humildes, arrependidos e submissos.

Nós vos pedimos igualmente, Pai de misericórdia, por aqueles dos nossos irmãos que não tiveram a força de suportar as suas provas terrestres. Vós nos destes um fardo a carregar, Senhor, e não devemos depô-lo senão aos vossos pés; mas a nossa fraqueza é grande e a coragem nos falta, às vezes, no caminho. Tende piedade destes servidores indolentes que abandonaram a obra antes da hora; que a vossa justiça os poupe e permita aos vossos bons Espíritos lhes trazer o alívio, as consolações e a esperança do futuro. O caminho do perdão é fortificante para a alma; mostrai-o, Senhor, aos culpados que desesperam, e sustentados por essa esperança, eles haurirão forças na grandeza mesma de suas faltas, e de seus sofrimentos, para resgatar o seu passado e se preparar para conquistar o futuro.

POR UM INIMIGO MORTO

67. PREFÁCIO. A caridade para com os nossos inimigos deve segui-los além do túmulo. É preciso pensar que o mal que nos fizeram foi para nós uma prova que pôde ser útil ao nosso adiantamento, se soubemos dela nos aproveitar. Ela pôde nos ser ainda mais proveitosa que as aflições puramente materiais, naquilo que nos permitiu juntar à coragem e à resignação, a caridade e o esquecimento das ofensas. (Cap. X, nº 6; cap. XII, nºs 5 e 6).

68. PRECE. Senhor, vos aprouve chamar, antes de mim, a alma de N... Eu o perdoo do mal que me fez, e suas más intenções a meu respeito; possa ele disso se arrepender, agora que não tem mais as ilusões deste mundo.

Que a vossa misericórdia, meu Deus, se estenda sobre ele, e afastai de mim o pensamento de me alegrar com a sua morte. Se eu procedi mal para com ele, que me perdoe, como olvido aqueles que assim procederam para comigo.

POR UM CRIMINOSO

69. PREFÁCIO. Se a eficácia das preces fosse proporcional ao seu comprimento, as mais longas deveriam ser reservadas para os mais culpados, porque eles têm mais necessidade do que aqueles que viveram santamente. Recusá-las aos criminosos é faltar com a caridade e desconhecer a misericórdia de Deus; crê-las inúteis porque um homem teria cometido esta ou aquela falta, é prejulgar a justiça do Altíssimo. (Cap. XI, nº 14).

70. PRECE. Senhor, Deus de misericórdia, não repilais esse criminoso que vem de deixar a Terra; a justiça dos homens pôde atingi-lo, entretanto, não o isentou da vossa justiça, se seu coração não foi tocado pelo remorso.

Erguei a venda que lhe oculta a gravidade das suas faltas; possa o seu arrependimento encontrar graça diante de vós e aliviar os sofrimentos da sua alma! Possam também as nossas preces e a intercessão dos bons Espíritos levar-lhe a esperança e a consolação; inspirai-lhe o desejo de reparar as suas más ações numa nova existência, e lhe dar a força de não sucumbir nas novas lutas que empreenderá.

Senhor, tende piedade dele!

POR UM SUICIDA

71. PREFÁCIO. O homem não tem jamais o direito de dispor da própria vida, porque só a Deus cabe tirá-lo do cativeiro terrestre, quando o julga oportuno.

Todavia, a justiça divina pode abrandar os seus rigores em favor das circunstâncias, mas reserva toda a sua severidade para aquele que quis se subtrair às provas da vida. O suicida é como o prisioneiro que se evade da prisão, antes de expirar a sua pena, e que, quando é recapturado, é mantido mais severamente. Assim ocorre com o suicida, que crê escapar às misérias presentes, e mergulha em infelicidades maiores. (Cap. V, n°s 14 e seguintes).

72. PRECE. Sabemos, ó meu Deus, a sorte reservada àqueles que violam as vossas leis, abreviando voluntariamente os seus dias; mas sabemos também que a vossa misericórdia é infinita: dignai-vos estendê-la sobre a alma de N... Possam as nossas preces e a vossa comiseração abrandar a amargura dos sofrimentos que ele experimenta por não ter tido a coragem de esperar o fim das suas provas!

Bons Espíritos, cuja missão é assistir os infelizes, tomai-o sob a vossa proteção; inspirai-lhe o arrependimento de sua falta, e que a vossa assistência lhe dê a força de suportar com mais resignação as novas provas que terá de sofrer para repará-la. Afastai dele os maus Espíritos que poderiam, de novo, levá-lo ao mal, e prolongar os seus sofrimentos, fazendo-o perder o fruto das suas futuras provas.

Vós, cuja infelicidade é o objeto das nossas preces, que a nossa comiseração possa abrandar-vos a amargura, fazer nascer em vós a esperança de um futuro melhor! Esse futuro está nas vossas mãos; confiai-vos à bondade de Deus, cujo seio está aberto a todos os arrependidos, e não permanece fechado senão para os corações endurecidos.

PELOS ESPÍRITOS ARREPENDIDOS

73. PREFÁCIO. Seria injusto situar na cate-

goria dos maus Espíritos os Espíritos sofredores e arrependidos que pedem preces; estes puderam ser maus, mas não o são mais do momento em que reconhecem as suas faltas e as lamentam: eles não são senão infelizes; alguns mesmo começam a gozar de uma felicidade relativa.

74. PRECE. Deus de misericórdia, que aceitais o arrependimento sincero do pecador, encarnado ou desencarnado, eis um Espírito que se comprazia no mal, mas que reconhece seus erros e entra no bom caminho; dignai, ó Deus, recebê-lo como um filho pródigo e perdoai-lhe.

Bons Espíritos, cuja voz ele desconheceu, ele quer vos escutar de hoje em diante; permiti-lhe entrever a felicidade dos eleitos do Senhor, a fim de que persista no desejo de se purificar para alcançá-lo; sustentai-o em suas boas resoluções e dai-lhe a força de resistir aos seus maus instintos.

Espírito de N..., nós vos felicitamos pela vossa mudança, e agradecemos aos bons Espíritos que vos ajudaram.

Se vos comprazíeis outrora em fazer o mal, foi porque não compreendíeis o quanto é doce a alegria de fazer o bem; vós vos sentíeis também muito baixo para esperar atingi-lo. Mas desde o instante em que colocastes o pé no bom caminho, uma luz se fez para vós; começastes a provar uma felicidade desconhecida, e a esperança entrou no vosso coração. É que Deus escuta sempre a prece do pecador arrependido e não repele nenhum daqueles que vão a ele.

Para entrar completamente em graça junto dele, aplicai-vos de hoje em diante, não somente a não mais fazer o mal, mas a fazer o bem, e sobretudo a reparar o mal que fizestes; então, tereis satisfeito a justiça de Deus; cada boa ação apagará uma das vossas faltas passadas.

O primeiro passo está dado; agora, quanto mais avançares, tanto mais o caminho vos parecerá fácil e agradável. Perseverai, pois, e, um dia, tereis a glória de ser contado entre os bons Espíritos e os Espíritos felizes.

PELOS ESPÍRITOS ENDURECIDOS

75. PREFÁCIO. Os maus Espíritos são aqueles que o arrependimento ainda não tocou; que se comprazem no mal, e nele não concebem nenhum remorso; que são insensíveis às censuras, repelem a prece e, frequentemente, blasfemam contra o nome de Deus. São essas almas endurecidas que, depois da morte, se vingam, nos homens, dos sofrimentos que experimentam, e perseguem com o seu ódio aqueles a quem odiaram durante a vida, seja pela obsessão, seja por uma falsa influência qualquer. (Cap. X, nº 6; cap. XII, nºs 5 e 6).

Entre os Espíritos perversos, há duas categorias bem distintas: aqueles que são francamente maus e os que são hipócritas. Os primeiros são infinitamente mais fáceis de conduzir ao bem do que os segundos; são, o mais frequentemente, de natureza bruta e grosseira, como são vistos entre os homens, que fazem o mal mais por instinto do que por cálculo, e não procuram se fazer passar por melhores do que são; mas há neles um germe latente que é preciso fazer eclodir, o que é conseguido, quase sempre, com a perseverança, a firmeza unida à benevolência, pelos conselhos, pelo raciocínio e pela prece. Na mediunidade, a dificuldade que eles têm em escrever o nome de Deus é indício de um temor instintivo, de uma voz íntima da consciência que lhes diz que são indignos; aquele com quem ocorre isso, está no limiar da conversão, e pode-se esperar tudo dele: basta encontrar o ponto vulnerável do coração.

Os Espíritos hipócritas são quase sempre muito inteligentes, mas não têm no coração nenhuma fibra sensível; nada os toca; simulam todos os bons sentimentos para captar confiança, e ficam felizes quando encontram tolos que os aceitam como santos Espíritos, e que eles podem governar à sua vontade. O nome de Deus, longe de lhes inspirar o menor temor, lhes serve de máscara para cobrir as suas torpezas. No mundo invisível, como no mundo visível, os hipócritas são os seres mais perigosos porque agem na sombra, e deles não se desconfia. Eles têm as aparências da fé, mas não a fé sincera.

76. PRECE. Senhor, dignai-vos lançar um olhar de bondade sobre os Espíritos imperfeitos que estão ainda nas trevas da ignorância e vos desconhecem, notadamente sobre o de N...

Bons Espíritos, ajudai-nos a fazê-lo compreender que induzindo os homens ao mal, obsediando-os e atormentando-os, prolonga seus próprios sofrimentos; fazei com que o exemplo de felicidade de que gozais, seja um encorajamento para ele.

Espíritos que vos comprazeis ainda no mal, vindes de ouvir a prece que fizemos por vós; ela deve vos provar que desejamos vos fazer o bem, embora façais o mal.

Sois infelizes, porque é impossível ser feliz fazendo o mal; por que, pois, permanecer em pena quando depende de vós dela sair? Olhai os bons Espíritos que vos cercam; vede quanto são felizes, e se não vos seria mais agradável gozar da mesma felicidade!

Direis que isso vos é impossível; mas nada é impossível àquele que quer, porque Deus vos deu, como a todas as suas criaturas, a liberdade de escolher entre o bem e o mal; quer dizer, entre a felicidade e a infelicidade, e ninguém está condenado a fazer o mal.

Se tendes a vontade de fazê-lo, podeis ter a de fazer o bem e de ser feliz.

Voltai vossos olhares para Deus; elevai-vos um só instante até ele pelo pensamento, e um raio de sua divina luz virá vos esclarecer. Dizei conosco estas simples palavras: *Meu Deus, eu me arrependo, perdoai-me*. Experimentai o arrependimento e fazei o bem, em lugar de fazer o mal, e vereis que logo a sua misericórdia se estenderá sobre vós, e que um bem-estar desconhecido virá substituir as angústias que sentis.

Uma vez que houverdes dado um passo no bom caminho, o resto do percurso vos parecerá fácil. Compreendereis, então, quanto tempo perdestes, por vossa falta, de felicidade; mas um futuro radioso e cheio de esperança se abrirá diante de vós e vos fará esquecer vosso miserável passado, cheio de perturbação e de torturas morais que seriam, para vós, o inferno se devessem durar eternamente. Dia virá em que essas torturas serão tais que, a todo preço, querereis fazê-las cessar; quanto mais esperardes, porém, mais isso vos será difícil.

Não creiais que permanecereis sempre no estado em que estais; não, isso é impossível; tendes diante de vós duas perspectivas: uma é a de sofrer muito mais do que sofreis agora, a outra de ser feliz como os bons Espíritos que estão ao vosso redor; a primeira é inevitável se persistis em vossa obstinação, e um simples esforço da vossa vontade basta para vos tirar da má situação em que estais. Apressai-vos, pois, porque cada dia de atraso é um dia perdido para a vossa felicidade.

Bons Espíritos, fazei com que estas palavras encontrem acesso nessa alma ainda atrasada, a fim de que a ajudem a se aproximar de Deus. Nós vos pedimos em nome de Jesus Cristo, que teve um tão grande poder sobre os maus Espíritos.

V - PRECES PELOS DOENTES E PELOS OBSEDIADOS

PELOS DOENTES

77. PREFÁCIO. As doenças fazem parte das provas e das vicissitudes da vida terrestre; elas são inerentes à imperfeição da nossa natureza material e à inferioridade do mundo que habitamos. As paixões e os excessos de todos os gêneros semeiam em nós germes malsãos, frequentemente hereditários. Nos mundos mais avançados, física ou moralmente, o organismo humano, mais depurado e menos material, não está sujeito às mesmas enfermidades, e o corpo não é minado surdamente pela devastação das paixões (cap. III, nº 9). É preciso, pois, se resignar em suportar as consequências do meio onde nos coloca a nossa inferioridade, até que tenhamos mérito de trocá-lo. Isso não deve nos impedir, à espera do mérito, de fazer o que depende de nós para melhorar a nossa posição atual; mas se, malgrado os nossos esforços, a isso não pudemos chegar, o Espiritismo nos ensina a suportar com resignação nossos males passageiros.

Se Deus não tivesse querido que os sofrimentos corporais fossem dissipados ou abrandados em certos casos, não teria colocado os meios curativos à nossa disposição. Sua previdente solicitude a esse respeito, de acordo nisso com o instinto de conservação, indica que é do nosso dever procurá-los e aplicá-los.

Ao lado da medicação ordinária, elaborada pela Ciência, o Magnetismo nos fez conhecer o poder da ação fluídica; depois, o Espiritismo veio nos revelar uma outra força na *mediunidade curadora* e a influência da prece. (Ver no cap. XXVI, a notícia sobre a mediunidade de cura).

78. PRECE. (Para o doente pronunciar *). Senhor, sois todo justiça; a doença que vos aprouve me enviar, devo-a merecer, pois não fazeis sofrer jamais sem causa. Eu me entrego, para a minha cura, à vossa infinita misericórdia; se vos apraz me restituir a saúde, que o vosso santo nome seja bendito; se, ao contrário, devo ainda sofrer, que ele seja bendito da mesma forma; eu me submeto sem murmurar aos vossos divinos decretos, porque tudo o que fazeis não pode ter por finalidade senão o bem das vossas criaturas.

Fazei, ó meu Deus, que esta doença seja para mim uma advertência salutar, e me leve a meditar sobre eu mesmo; aceito-a como uma expiação do passado, e como uma prova para a minha fé e a minha submissão à vossa santa vontade. (Ver a prece nº 40).

79. PRECE. (Pelo doente). Meu Deus, vossos desígnios são impenetráveis, e em vossa sabedoria acreditastes dever afligir N... pela doença. Lançai, eu vos suplico, um olhar de compaixão sobre os seus sofrimentos, e dignai-vos pôr-lhes um fim.

Bons Espíritos, ministros do Todo-Poderoso, secundai, eu vos peço, meu desejo de aliviá-lo; dirigi meu pensamento, a fim de que ele vá derramar um bálsamo salutar sobre o seu corpo e consolação em sua alma.

Inspirai-lhe a paciência e a submissão à vontade de Deus; dai-lhe a força de suportar as suas dores com resignação cristã, a fim de que não perca o fruto das suas provas. (Ver prece nº 57).

80. PRECE. (Para ser pronunciada pelo médium curador**). Meu Deus, se dignais vos servir de mim, indigno que sou, eu posso curar esse sofrimento,

---

(*) No original, **par le malade.** (N. do T.).

(**) Par le médium guérisseur, no original. (N. do T.).

se tal é a vossa vontade, porque tenho fé em vós; mas sem vós eu não posso nada. Permiti aos bons Espíritos me penetrarem com seu fluido salutar, a fim de que o transmita a este doente, e afastai de mim todo pensamento de orgulho e de egoísmo, que poderia alterar-lhe a pureza.

PELOS OBSEDIADOS

81. PREFÁCIO. A obsessão é a ação persistente que um mau Espírito exerce sobre um indivíduo. Apresenta caracteres muito diferentes, desde a simples influência moral, sem sinais exteriores sensíveis, até a perturbação completa do organismo e das faculdades mentais. Ela oblitera todas as faculdades medianímicas; na mediunidade escrevente, se traduz pela obstinação de um Espírito em se manifestar, com exclusão de todos os outros.

Os maus Espíritos pululam ao redor da Terra, em consequência da inferioridade moral dos seus habitantes. Sua ação malfazeja faz parte dos flagelos dos quais a Humanidade é o alvo neste mundo. A obsessão, como as doenças, e todas as tribulações da vida, deve, pois, ser considerada como uma prova ou uma expiação, e aceita como tal.

Da mesma forma que as doenças são o resultado de imperfeições físicas que tornam o corpo acessível às influências perniciosas exteriores, a obsessão é sempre o resultado de uma imperfeição moral que o expõe a um mau Espírito. A uma causa física se opõe uma força física: a uma causa moral, é preciso opor uma força moral. Para se preservar das doenças, fortifica-se o corpo; para se garantir da obsessão, é preciso fortalecer a alma; daí, para o obsediado, a necessidade de trabalhar pela sua própria melhoria, o que basta, o mais frequentemente, para livrá-lo do obsessor, sem o socorro de pessoas estranhas. Esse socorro torna-se necessário quando a obsessão degenera em subjugação e em possessão, porque, então, o paciente perde, por vezes, a sua vontade e o seu livre-arbítrio.

A obsessão é quase sempre o resultado de uma vingança exercida por um Espírito, e que, o mais frequentemente, tem sua origem nas relações que o obsediado teve com ele numa precedente existência. (Ver cap. X, nº 6; cap. XII, nºs 5 e 6).

Nos casos de obsessão grave, o obsediado está como envolvido e impregnado de um fluido pernicioso que neutraliza a ação dos fluidos salutares e os repele. É desse fluido que é preciso desembaraçá-lo; ora, um mau fluido não pode ser repelido por um mau fluido. Por uma ação idêntica à do médium curador nos casos de doenças, é preciso expulsar o fluido mau com a ajuda de um fluido melhor que produza, de alguma sorte, o efeito de um reativo. Essa é a ação mecânica, mas que não basta; é preciso também, e sobretudo, *agir sobre o ser inteligente* com o qual é preciso ter o direito de falar com autoridade, e essa autoridade não é dada senão pela superioridade moral; quanto mais esta é grande, maior é a autoridade.

Ainda não é tudo; para assegurar a libertação, é preciso levar o Espírito perverso a renunciar aos seus maus desígnios; é preciso fazer nascer nele o arrependimento e o desejo do bem, com a ajuda de instruções habilmente dirigidas, nas evocações particulares feitas com vistas à sua educação moral; então, pode-se ter a dupla satisfação de livrar um encarnado e converter um Espírito imperfeito.

A tarefa torna-se mais fácil quando o obsediado, compreendendo a sua situação, traz seu concurso de vontade e de prece; não ocorre assim quando este, seduzido pelo Espírito enganador, ilude-se sobre as qualidades daquele que o domina, e se compraz no erro em que este último o mergulha; porque então, longe de secundar, ele repele toda assistência. É o caso da fascinação, sempre infinitamente mais rebelde do que a subjugação mais violenta. (*O Livro dos Médiuns*, cap. XXIII).

Em todos os casos de obsessão, a prece é o mais poderoso auxiliar para agir contra o Espírito obsessor.

82. PRECE. (Para ser pronunciada pelo obsediado*). Meu Deus, permiti aos bons Espíritos livrar-me do Espírito malfazejo que está ligado a mim. Se é uma vingança, que exerce por injustiças que eu terei feito outrora para com ele, vós o permitis, meu Deus, para minha punição, e eu suporto a consequência da minha falta. Possa o meu arrependimento merecer vosso perdão e minha libertação! Mas, qualquer que seja seu motivo, peço para ele a vossa misericórdia; dignai-vos facilitar-lhe o caminho do progresso que o desviará do pensamento de fazer o mal. Possa eu, de minha parte, retribuindo o mal com o bem, conduzi-lo a melhores sentimentos.

Mas eu sei também, ó meu Deus, que são as minhas imperfeições que me tornam acessível às influências dos Espíritos imperfeitos. Dai-me a luz necessária para as reconhecer; combatei, sobretudo, em mim, o orgulho que me cega sobre meus defeitos.

Qual não deve ser a minha indignidade, uma vez que um ser malfazejo pode me senhorear!

Fazei, ó meu Deus, que esse revés para a minha vaidade me sirva de lição para o futuro; que ele me fortaleça na resolução que tomo de me depurar pela prática do bem, da caridade e da humildade, a fim de opor, de hoje em diante, uma barreira às más influências.

(*) No original, **par l'obsédé.** (N. do T.)

Senhor, dai-me a força de suportar esta prova com paciência e resignação; eu compreendo que, como todas as outras provas, ela deve ajudar o meu adiantamento se não perder-lhe o fruto com meus murmúrios, uma vez que me fornece ocasião de mostrar a minha submissão e de exercer uma caridade para com um irmão infeliz, perdoando-lhe o mal que me fez. (Cap. XII, nºs 5 e 6; cap. XXVIII, nºs 15 e seguintes, 46 e 47).

83. PRECE. (Para o obsediado). Deus Todo-Poderoso, dignai-vos dar-me o poder de libertar N... do Espírito que o obsedia; se entra em vossos desígnios pôr termo a essa prova, concedei-me a graça de falar a esse Espírito com autoridade.

Bons Espíritos que me assistis, e vós, seu anjo guardião, prestai-me vosso concurso; ajudai-me a desembaraçá-lo do fluido impuro com o qual está envolvido.

Em nome de Deus Todo-Poderoso, eu abjuro o Espírito malfazejo, que o atormenta, a se retirar.

84. PRECE. (Para o Espírito obsessor). Deus infinitamente bom, imploro a vossa misericórdia para o Espírito que obsedia N...; fazei-o entrever as divinas claridades, a fim de que ele veja o falso caminho em que está empenhado. Bons Espíritos, ajudai-me a fazê-lo compreender que tem tudo a perder fazendo o mal, e tudo a ganhar fazendo o bem.

Espírito que vos comprazeis em atormentar N..., escutai-me porque eu vos falo em nome de Deus.

Se quiserdes refletir, compreendereis que o mal não pode impor-se ao bem, e que não podeis ser mais forte do que Deus e os bons Espíritos.

Eles poderiam preservar N... de todo golpe da vossa parte; se não o fizeram, foi porque ele (ou ela) tinha uma prova a suportar. Mas quando essa prova tiver acabado, vos tirarão toda ação sobre ele; o mal que lhe tendes feito, em lugar de prejudicá-lo, servirá para o seu adiantamento, e com isso não será senão mais feliz; assim vossa maldade terá sido uma pura perda para vós e reverterá contra vós.

Deus, que é todo-poderoso, e os Espíritos superiores, seus servidores, que são mais poderosos do que vós, poderão, pois, pôr fim a essa obsessão quando o quiserem, e vossa tenacidade se quebrará diante dessa suprema autoridade. Mas, pelo fato mesmo de que Deus é bom, ele quer vos deixar o mérito de cessá-la de vossa própria vontade. É uma moratória que vos é concedida; se não a aproveitais, sofrereis as suas deploráveis consequências; grandes castigos e cruéis sofrimentos vos esperam; sereis forçado a implorar a piedade e as preces da vossa vítima, que já vos perdoa e ora por vós, o que é um grande mérito aos olhos de Deus, e apressará a sua libertação.

Refleti, pois, enquanto é tempo ainda, porque a justiça de Deus se abaterá sobre vós como sobre todos os Espíritos rebeldes. Pensai que o mal que fazeis neste momento terá forçosamente um fim, enquanto que, se persistis no vosso endurecimento, vossos sofrimentos irão aumentando sem cessar.

Quando estáveis sobre a Terra, não teríeis achado estúpido sacrificar um grande bem por pequena satisfação de um momento? Ocorre o mesmo agora que sois Espírito. Que ganhais com o que fazeis? O triste prazer de atormentar alguém, o que não vos impede de ser infeliz, o que quer que possais dizer, vos tornará mais infeliz ainda.

Ao lado disso, vede o que perdeis; olhai os bons Espíritos que vos cercam e vede se sua sorte não é preferível à vossa. A felicidade que eles gozam será vosso quinhão quando o quiserdes. O que é preciso para isso? Implorar a Deus e fazer o bem, em lugar de fazer o mal. Eu sei que não podeis vos transformar de repente; mas Deus não pede o impossível; o que ele quer é a boa vontade. Experimentai pois, e nós vos ajudaremos. Fazei com que logo possamos dizer por vós a prece pelos Espíritos arrependidos (nº 73), e não mais vos situar entre os maus Espíritos, até que possais estar entre os bons.

(Ver também, nº 75, a prece pelos Espíritos endurecidos).

Nota: A cura das obsessões graves requer muita paciência, perseverança e devotamento; ela exige também tato e habilidade para conduzir ao bem Espíritos, frequentemente, muito perversos, endurecidos e astuciosos, porque há rebeldes em último grau; na maioria dos casos, é preciso se guiar segundo as circunstâncias; mas, qualquer que seja o caráter do Espírito, é um fato certo que não se obtém nada pela violência ou pela ameaça; toda influência está na ascendência moral. Uma outra verdade, igualmente constatada pela experiência, assim como pela lógica, é *a completa ineficácia de exorcismos, fórmulas, palavras sacramentais, amuletos, talismãs, práticas exteriores ou sinais materiais quaisquer.*

A obsessão muito prolongada pode ocasionar desordens patológicas, e requer, por vezes, um tratamento simultâneo ou consecutivo, seja magnético, seja médico, para restabelecer o organismo. A causa estando destruída, resta a combater os efeitos. (Ver *O Livro dos Médiuns* cap. XXIII; Da obsessão. – *Revista Espírita,* fevereiro e março de 1864; abril 1865: exemplos de curas de obsessões).

Roteiro para
O EVANGELHO NO LAR

1. Escolha um dia e horário fixo mais conveniente da semana, para não ser interrompido;

2. Coloque uma jarra com água para ser fluidificada e bebida ao final do Evangelho no Lar;

3. Inicie com uma prece simples e espontânea, rogando a proteção dos Benfeitores Espirituais;

4. Faça a leitura de um trecho de O Evangelho Segundo o Espiritismo, abrindo-o

ao acaso, ou na ordem sequencial dos Capítulos;

5. Comente com os demais participantes sobre o assunto lido, por aproximadamente quinze minutos, evidenciando o ensino moral;

6. Em seguida faça uma rogativa a Deus, a Jesus, e aos Espíritos do Bem, em favor da harmonia do lar e dos familiares encarnados e desencarnados, extensiva também à paz entre os povos;

7. Faça uma prece de encerramento, agradecendo o amparo dos Benfeitores Espirituais;

Observação importante.

O Evangelho no Lar não pode se transformar numa reunião mediúnica, motivo pelo qual os eventuais médiuns participantes não deverão permitir a manifestação de Espíritos, pois, para isso, existem locais apropriados.